AF568711

GEORGES DUBY

Kunst und Gesellschaft im Mittelalter

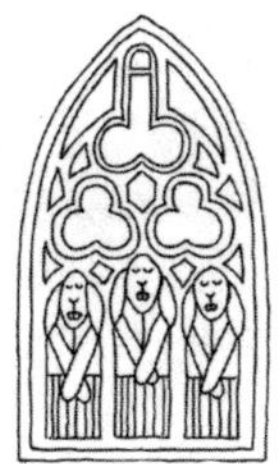

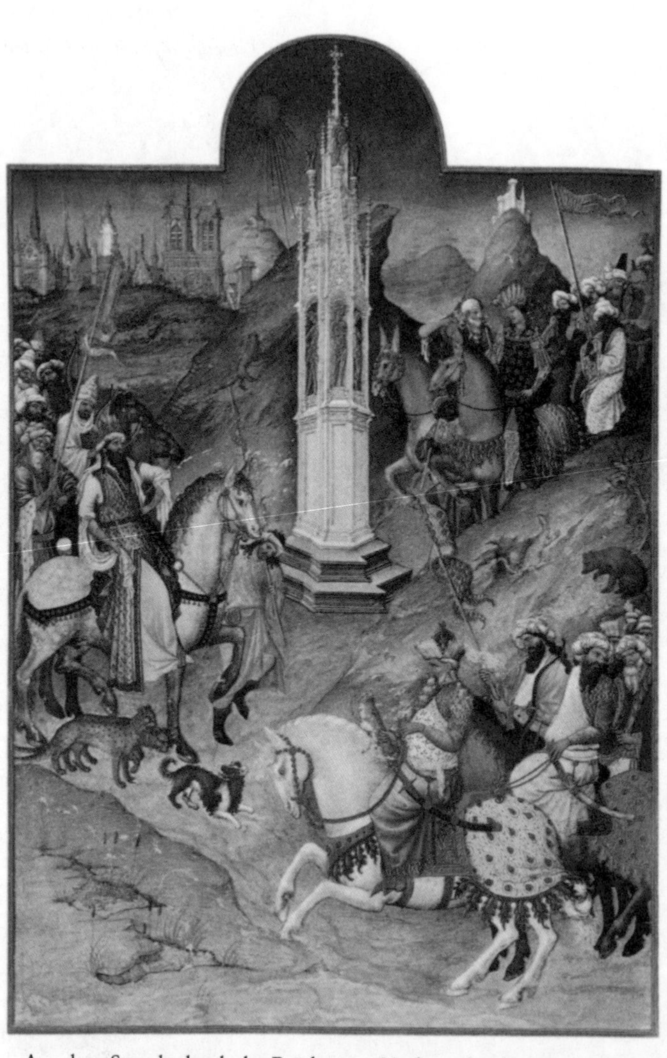

Aus dem Stundenbuch der Brüder von Limburg für den Herzog von Berry, 1411/16: Die Weisen aus dem Morgenland, in orientalischer Pracht und mit exotischen Tieren. Aber ihr Jerusalem ist das Paris der Zeit, mit der Sainte-Chapelle und dem Kloster Montmartre.

GEORGES DUBY

Kunst und Gesellschaft im Mittelalter

Aus dem Französischen von Horst Günther

Verlag Klaus Wagenbach Berlin

Der Text erschien 1995 in dem Band *Le Moyen Âge* aus der Reihe *Histoire Artistique de L'Europe* und 1997 unter dem Titel *Art et société au Moyen Âge* bei Editions du Seuil in Paris. Die deutsche Erstausgabe erschien 1998 als *SVLTO* im Verlag Klaus Wagenbach in Berlin.

Wagenbachs Taschenbuch 820

Verlag Klaus Wagenbach, Emser Straße 40/41, 10719 Berlin
www.wagenbach.de

Umschlaggestaltung Julie August unter Verwendung einer Abbildung des Monats Juni aus dem Stundenbuch des Herzogs von Berry, *Les Très Riches Heures du Duc de Berry*, 1410, Musée Condé, Chantilly. Die Karnickel auf Seite 1 zeichnete Horst Rudolph. Gesetzt aus der Garamond BQ. Vorsatzpapier von peyer graphic GmbH, Leonberg. Gedruckt auf Schleipen bei Pustet, Regensburg. Printed in Germany.

ISBN 978 3 8031 2820 1

Inhalt

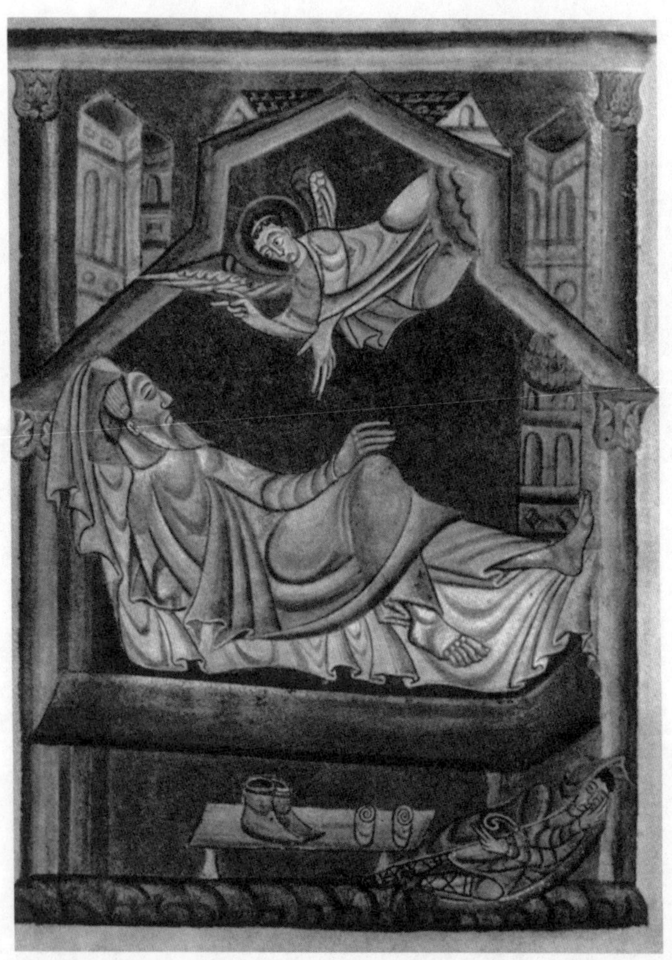

Aus einem Perikopenbuch, um 1000: Joseph, der die schwangere Maria verlassen will, erscheint ein Engel (Matth. I, 18–24). Unter dem Bett Schuhe und Wadenbinden, im Hintergrund die Türme von Nazareth.

Einleitung

Im Lauf der zehn Jahrhunderte, von denen in diesem Buch die Rede ist, hat Europa Gestalt angenommen. Es hat sich befestigt, es ist reich geworden, und in dieser Zeit entstand eine eigentümlich europäische Kunst und breitete sich aus. Wir bewundern heute das, was davon übrigblieb. Dennoch sehen wir diese Formen nicht mit dem gleichen Blick wie die Zeitgenossen, die sie zuerst betrachteten. Für uns sind es Kunstwerke, und wir erwarten von ihnen wie von Werken, die in unserer Zeit geschaffen wurden, nur ein ästhetisches Vergnügen. Für die Zeitgenossen hatten diese Bauwerke, Schmuckstücke und Bildnisse an erster Stelle eine Aufgabe: Sie dienten. In einer sehr hierarchischen Gesellschaft, die dem Unsichtbaren ebensoviel Wirklichkeit und noch mehr Macht als dem Sichtbaren zuerkannte und sich nicht vorstellen konnte, daß der Tod dem individuellen Schicksal ein Ende setze, erfüllten sie drei wichtige Funktionen.

Die meisten Werke waren Geschenke, die man Gott darbrachte, um ihn zu rühmen und ihm zu danken und um im Gegenzug für diese Gabe Ablaß und Gnade zu erwirken. Oder man brachte sie Schutzheiligen oder Verstorbenen dar. Die künstlerische Phantasie entfaltete sich zu dieser Zeit im wesentlichen um den Altar, die Kapelle und das Grabmal. Die Funktion des Opfers ließ es gerechtfertigt erscheinen, daß man der Ausschmückung dieser Orte einen großen Teil der Reichtümer weihte, die die Menschen durch ihre Arbeit hervorbrachten. Niemand zweifelte daran, nicht einmal die frommen Christen, die sich selbst gänzlich entäußerten, um in der Armut der Jünger Jesu zu leben: Franz von Assisi betonte, daß man die Kirchen kostbar verzieren solle, denn sie beherbergten den Leib des Herrn. Er wollte sie prachtvoll und geschmückt. Aus dieser Funktion des Opfers also folgt das, was uns heute an diesen Formen anspricht: ihre Schönheit. Tatsächlich war nur das Schönste schön genug, um es vor den Blick des Allmächtigen zu legen. Um ihm zu gefallen, galt es, die reinsten und kostbarsten Materialien zu verwenden und sie nach bestem menschlichem Wissen, Gefühl und Geschick zu bearbeiten.

In ihrer Mehrzahl haben diese Bauwerke, Schmuckstücke und Bildnisse auch als Vermittler gedient und den Verkehr mit dem Jenseits erleichtert. Ein Abglanz des Jenseits und eine Annäherung daran wollten sie sein. Ihre Absicht war es, die Person Christi, die Gestalten der Engel oder das himmlische Jerusalem im Diesseits gegenwärtig und sichtbar zu machen. Sie sollten den Ablauf der Liturgien in die engste Verbindung mit den Vollkommenheiten des Jenseits bringen und den Gelehrten helfen, unter dem Schleier der Erscheinungen den göttlichen Willen zu erkennen, die Versenkung der Frommen leiten und ihren Geist, wie der Apostel Paulus sagte, durch das Sichtbare zum Unsichtbaren zu führen, *per visibilia ad invisibilia.* Etwas herablassend schrieben die Kirchenlehrer ihnen außerdem eine volkstümlichere erzieherische Aufgabe zu. Die Bildwerke sollten denen, die nicht lesen konnten, die Inhalte des Glaubens zeigen: 1025 erteilte die Synode von Arras die Erlaubnis, zur Belehrung der Unwissenden Bilder zu malen. Hundert Jahre später schärfte Bernhard von Clairvaux (der jedoch nicht visuell veranlagt war: »Warum sollten wir uns bemühen zu sehen? Man muß hören«, empfahl er seinen Brüdern, die im Dunkel der Nacht auf das Unbegreifliche lau-

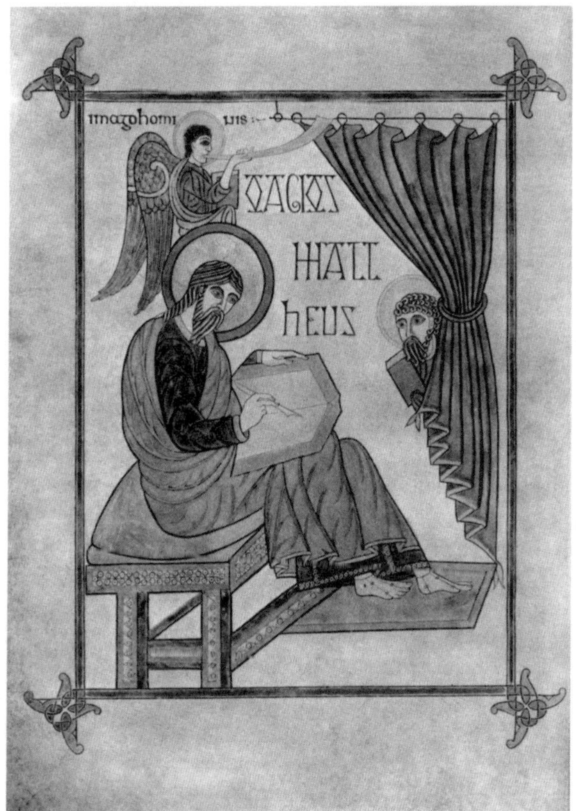

Aus dem Evangeliar von Lindisfarne, um 700:
Der Evangelist Matthäus schreibt, was der Engel ins Horn bläst;
hinter dem Vorhang Hieronymus, der die Bibel übersetzte.

schen sollten) den Bischöfen ein, »durch mit den Sinnen wahrnehmbare Bilder die fleischliche Frömmigkeit des Volkes zu erwecken, wenn sie es durch geistliche Bilder nicht erreichten«.

Schließlich – und diese dritte Funktion berührt sich mit der ersten – war das Kunstwerk eine Bestätigung der Macht. Es verherrlichte die Macht Gottes und verherrlichte die Macht

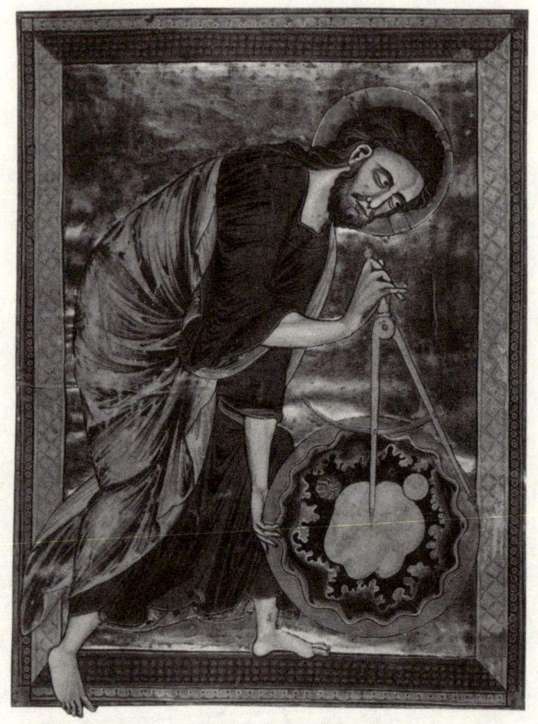

Geometrie ist im Mittelalter göttliche Wissenschaft der nach Maß und Zahl geschaffenen Welt. Im 13. Jahrhundert wird Gott mit dem Zirkel bei der Erschaffung der Erde dargestellt.

seiner Priester, der Kriegsherren und der Reichen. Diese Macht steigerte man durch das Kunstwerk, man stellte sie zur Schau und rechtfertigte sie zugleich. Deshalb widmeten die Mächtigen dieser Erde das, was sie nicht Gottes Ruhm opferten, dem eigenen Ruhm und entfalteten um ihre Person herum eine Pracht, die sie vom gemeinen Volk unterschied: Sie gaben schöne Dinge in Auftrag nicht nur zum Zeichen ihres Wohlstands, sondern auch, um die Gläubigen an sich zu binden. Deshalb hat sich die künstlerische Schöpfung in dieser Epoche wie zu jeder Zeit an den Orten entwickelt, wo sich die Macht und zugleich der Gewinn aus der Macht konzentrierten.

Daraus, daß das Kunstwerk zunächst ein nützlicher Gegenstand war, folgt, daß diese Gesellschaft bis zum Beginn des 15. Jahrhunderts den Künstler mit dem Handwerker gleichsetzte. In dem einen wie in dem anderen sah sie jemanden, der einen Auftrag einfach ausführt und der von einem »Herrn«, Priester oder Fürst, den Plan des Werkes erhält. Die kirchliche Autorität wiederholte immer wieder, daß es nicht den Malern zukomme, Bilder zu erfinden; die Kirche hatte sie entworfen und übermittelt; den Malern obliege es nur, ihre Kunst, *ars*, das heißt die technischen Verfahren, die eine richtige Herstellung erlauben, ins Werk zu setzen. Was die Prälaten betrifft, so entschieden sie über die »Anweisung«, das heißt das Thema, die Figuren und ihre Anordnung.

Während dieser tausend Jahre, vom 5. bis zum Beginn des 15. Jahrhunderts, haben sich die Dinge im werdenden Europa unablässig gewandelt und manchmal ebenso schnell, wie sie es heute tun. Die Beziehungen der Gesellschaft und der verschiedenen Komponenten der kulturellen Entwicklung veränderten sich ebenso wie die Bedingungen der künstlerischen Schöpfung. Die Machtzentren verlagerten sich, und während langsam das »wilde Denken« zurückkehrte und der Einfluß der Männer der Kirche begrenzt wurde, verstärkte sich die Wirkung der dritten Funktion des Kunstwerks: So erweiterte sich in der Empfindung der Zeitgenossen unmerklich die Bedeutung dessen, was bei einem Gebäude, Gegenstand oder Bild nicht funktional ist, sondern einfach Vergnügen hervorruft.

Selbstverständlich kann es auf den folgenden Seiten nicht darum gehen, die Entwicklung der künstlerischen Formen durch die der materiellen und kulturellen Strukturen der Gesellschaft zu erklären. Die Absicht ist aber, sie parallel zu betrachten, um zu helfen, die eine wie die andere besser zu verstehen.

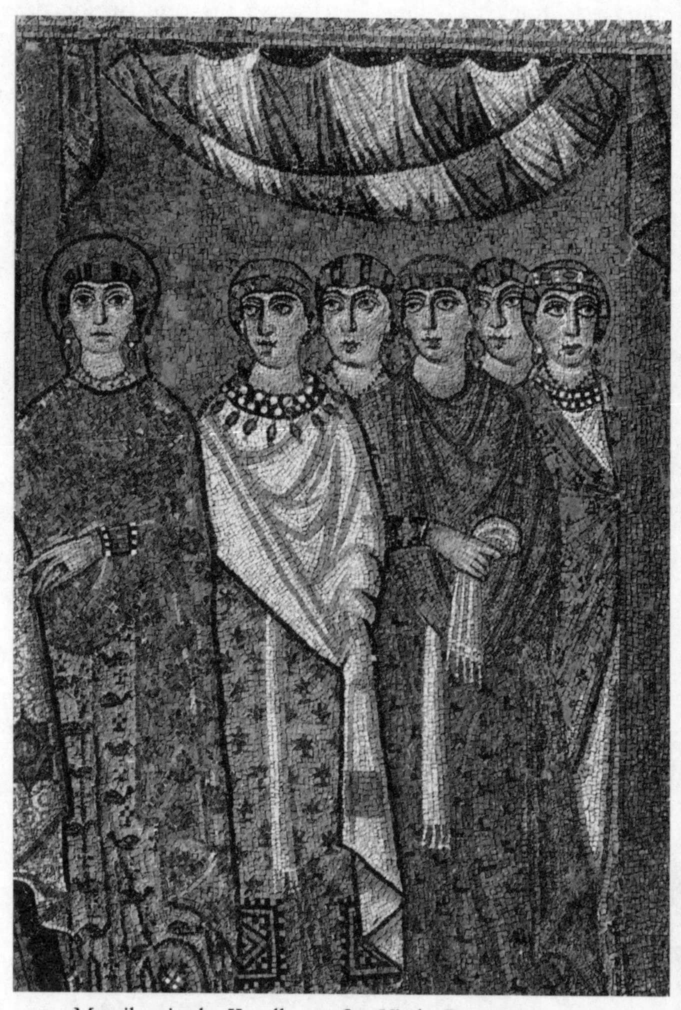

Mosaiken in der Kapelle von San Vitale, Ravenna, um 540:
Kaiserin Theodora, die Gemahlin Justinians, mit Hofdamen.

Fünftes bis zehntes Jahrhundert

Die Überlieferung setzt den Übergang von der Antike zum Mittelalter im fünften Jahrhundert an. Zu diesem Zeitpunkt existiert Europa nicht. Nahezu alles, was der Historiker in Erfahrung bringen kann, spielt sich noch rund um das Mittelmeer innerhalb des Rahmens des Römischen Imperiums ab. Eine Bewegung allerdings, die sich seit langem abzeichnet, wirkt an der Auflösung dieses Rahmens mit. Sie scheidet den griechischen Teil vom lateinischen Teil des Reiches. Im Osten befinden sich in der Tat die ganze Vitalität, der Reichtum und die Kraft, und auch die antike Zivilisation setzt hier ohne Unterbrechung ihre Geschichte fort. Im Westen dagegen, der seit je in der schwächeren Position war und dessen Auflösung die germanischen Völkerwanderungen beschleunigen, zerfällt diese Kultur. Auf dieser Seite herrscht Unordnung während dreier Jahrhunderte, in denen die Bestandteile einer neuen Zivilisation sich vermischen. Und auch die einer neuen Kunst.

Der Westen selbst besteht wiederum aus zwei Teilen. Der südliche ist romanisiert. Mehr oder weniger, und in den Provinzen, wo die Prägung durch römische Kultur nur leicht ist, tauchen die einheimischen Gebräuche wieder auf, welche die Kolonisierung durch das Reich erstickt hatte. Dennoch bleiben überall Städte. Freilich werden sie, mit zunehmender Entfernung vom Mittelmeer, immer weniger zahlreich, aber ein Netz unzerstörbarer Landstraßen verbindet sie von einem Ende des Römerreiches zum anderen zu einer engen Kulturgemeinschaft. Diese Städte entvölkern sich. Ihre führenden Kreise verlassen sie nach und nach, um sich auf ihren Landsitzen einzurichten. Dennoch bleiben die Städte lebendig und eindrucksvoll mit ihren Festungsmauern, ihren feierlichen Toren, ihren steinernen Gebäuden, den Standbildern und Brunnen, den Thermen und dem Amphitheater, dem Forum, auf dem die öffentlichen Angelegenheiten verhandelt werden, den Schulen, in denen man die Redner bildet, den Kolonien orientalischer Händler, die gegen Goldmünzen verkaufen und die noch Papyrus, Gewürze und Schmuck aus dem Orient besorgen, und, in den gewaltigen Totenstädten, die sich vor den Mauern ausdehnen, die Mausoleen und mit Skulpturen geschmückten Sarkophage der Reichen. Alle diese Städte richten sich nach Rom, ihrem Vorbild. Rom ist die ungeheure Stadt, die selbst auf der Grenze liegt, die die Latinität vom Hellenismus scheidet; das großenteils hellenisierte, aber auf seine Vergangenheit stolze Rom, das sich auf diese Erinnerung stützt und auf das Gedenken der Apostel Petrus und Paulus und aller Märtyrer, deren Gräber es birgt, kämpft mit all seinen Kräften, um die Übergriffe des neuen Rom, Konstantinopels, abzuwehren.

Im Norden, im Westen, zwischen den Einöden und den Wäldern, wohin die Legionen niemals gedrungen sind, leben die »barbarischen« Stämme. Diese verstreuten Völkerschaften, Halbnomaden, Jäger, Schweinehirten und Krieger haben ganz andere Sitten und völlig andere religiöse Vorstellungen. Auch ihre Kunst ist anders: es ist nicht die Kunst des Steins, sondern des Metalls, der Glaswaren und der Stickerei. Keine Bauwerke, sondern Dinge, die man mitnimmt, die Waffen und der Schmuck, die Amulette, womit die Häuptlinge sich während ihres Lebens schmücken und die man neben ihrer Leiche ins Grab legt. Keine Reliefs, sondern ziselierte Arbeiten. Abstrakte Zierformen, verflochtene magische Zeichen, in die

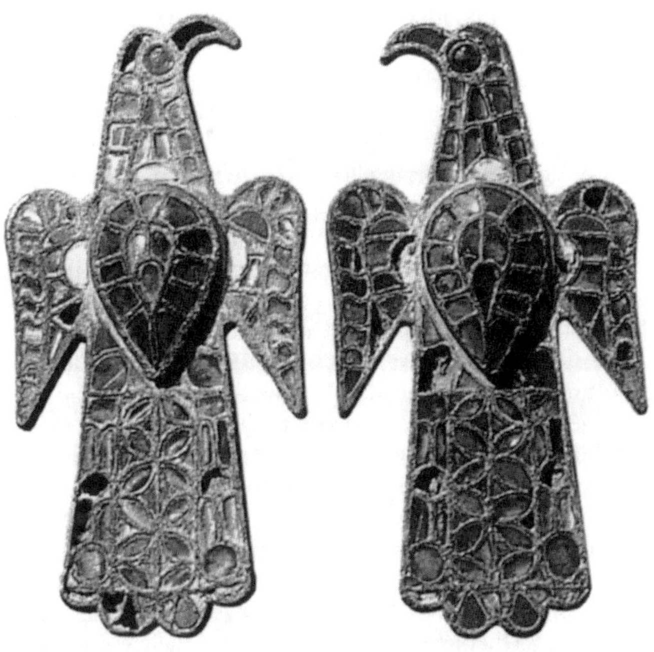

Westgotische Fibeln.
Nationalmuseum Madrid,
6. Jahrhundert.

sich manchmal stilisierte Tier- und Menschenformen einfügen. Einige dieser Völker, die im Lauf ihrer Wanderungen hellenisierte Länder gestreift hatten, haben das Evangelium angenommen. Diese haben sich als erste, von ihren Königen angeführt, in das Westreich gestürzt und die Macht an sich gerissen. Andere Völker folgen ihnen, Heiden diesmal, die im Lauf ihres Vorrückens jenseits der alten Grenzen in ihren Ländern alle zu deutlichen Spuren der Gegenwart Roms auslöschen. Man kann unterscheiden, bis wohin die »barbarische« Kultur in jenen verworrenen Zeiten sich gegen die römische Kultur durchsetzte und sie unterwarf: die klare Linie, die befremdlich fest durch das heutige Europa zwischen den romanischen Sprachen und denen anderer Sprachfamilien läuft, bezeichnet die Grenzen dieses Vorrückens.

Diese beiden Kulturen waren von unterschiedlichem Gewicht. Die des Südens, bei weitem die kräftigere, wurde im 6. Jahrhundert noch einmal vom Osten her durch die von Kaiser Justinian geführten Unternehmungen gestärkt. Ihr gelang es für eine Weile, die germanischen Monarchien zurückzudrängen. Ihre Truppen besetzten Italien von neuem. In Rom, längs der Adria und in Ravenna erhoben sich zum Zeichen des Sieges als Embleme einer kulturellen Rückeroberung majestätische Gebäude, die dem Blick das boten, was die antike Kunst nun unter dem Einfluß des plotinischen Denkens und einer geistigen Auffassung geworden war, die den Schatten als eine der Manifestationen der Materie ablehnte und die Tiefendimension und folglich das erhabene Relief verdammte und flache Bilder bevorzugte, die sozusagen auf der Spiegelfläche des Mosaiks eingeebnet waren. Dieser Eingriff geschah im richtigen Augenblick. Ohne ihn und ohne die Formen, die jetzt am östlichen Randstreifen der Latinität eingeführt wurden, hätten die antiken Überlieferungen der Erosion vielleicht nicht so festen Widerstand geboten.

Indessen hatten auch die Kriege großen Schaden angerichtet. Zwei Unglücksfälle sollten die Kultur des Südens gegenüber der der »Barbaren« schwächen. Zunächst die Pest, die während der zweiten Hälfte des 6. Jahrhunderts grausam wütete und periodisch stoßweise wieder aufflammte bis in die Mitte des 8. Jahrhunderts. Da die Epidemie sich längs der Küsten und der Landstraßen ausbreitete, betraf sie vor allem die Städte, das heißt die Ankerplätze antiker Überlieferungen. Das Land schonte sie eher – und völlig, wie es scheint, den Norden Galliens und Germanien. Zum anderen geriet ein großer Teil der Mittelmeerländer unter den Einfluß der islamischen Zivilisation. Die Moslems dehnten ihre Herrschaft über Nordafrika, über fast die gesamte Iberische Halbinsel und die östliche Mittelmeerküste Frankreichs um Narbonne aus; die Schiffahrtsverbindungen zum Orient wurden unterbrochen; nach 670 gelangte kein Papyrus mehr in die Häfen der Provence. Die Pest und die arabischen Eroberungen zeichneten zusammen die Form des künftigen Europa, indem sie die Stellungen der politischen Macht ins Innere des Kontinents und die aktivsten Handelswege an die Nordseeküsten verlagerten. Diese Verlagerung beschleunigte das Verkümmern der Römerstädte im Westen. Die Sprößlinge der großen Senatorenfamilien stießen in der Umgebung der Könige auf die Häuptlinge der Barbarenhorden. Die Gewalt dieser gemischten Aristokratie lastete auf der ländlichen Bevölkerung und bewirkte in einer bäuerlich gewordenen Welt den Aufstieg der germanischen Denkweisen, Sitten und Kunsttechniken.

Die römische Kultur bewahrte indessen ihr Ansehen. Sie faszinierte die Eindringlinge. Denn um sich auf das Niveau dieser Kultur zu erheben, um an dieser Art von Glück teilzuhaben, das sie bei den römischen Stadtbürgern vermuteten, hatten die Germanen ja die Grenzen überschritten, hatten ihre Häuptlinge, die zu Machthabern geworden waren, sich bereitwillig mit dem Konsultitel geschmückt, deshalb residierten sie in den Städten, begünstigten sie wie Theoderich das Blühen lateinischer Wissenschaften und tauchten mit ihren Gefährten, wie Chlodwig, in das Wasser der Taufbecken. Sie hatten nur den einen Wunsch: sich zu integrieren. Und um sich wirklich zu integrieren, mußte man Christ werden.

In der Tat befand sich das, was von römischer Kultur – und von antiker Kunst – am lebendigsten Bestand hatte, im Schoß der christlichen Kirche, der lateinischen Kirche, die sich nicht in Häresien zersplittert hatte und die im Bischof von Rom den Nachfolger des Apostels Petrus verehrte. Als an der Schwelle zum 4. Jahrhundert die Kirche aufgehört hatte, eine heimliche, verdächtige und von Zeit zu Zeit verfolgte Sekte zu sein, und zu einer offiziellen Institution des Imperiums geworden war, hatte sie auch gleich die herrschende Stellung im Rahmen der etablierten Macht gewonnen und bildete ihre Hierarchie nach dem Vorbild der Reichsverwaltung. In jeder Stadt übernahm von nun an der Bischof die entscheidende öffentliche Verantwortung und schuf seine eigenen geistigen und geistlichen Waffen gegenüber denen der Krieger. In ihrem Sieg hatte sich die Kirche das gesamte kulturelle Erbe des antiken Rom angeeignet. Sie hatte sich die Schule einverleibt, das Hauptstück des Erziehungssystems, das die städtische Elite auf die öffentliche Rede vorbereiten sollte. Sie machte sich daran, das gute Latein, das Hieronymus zur Übersetzung der Bibel benutzt hatte, so gut es ging vor der Ansteckung durch bäurisches Reden zu schützen. Wie die verdienten Beamten, deren Platz sie eingenommen hatten, waren die Bischöfe, die lange Zeit alle aus den großen römischen Familien stammten, bestrebt, durch die Pracht der Liturgien, durch Musik und bildende Künste den Ruhm ihrer Stadt und den ihrer geistlichen Autorität zu mehren.

Die Bischöfe bauten und setzten mit ihren Bauten ein Werk der Prachtentfaltung fort, das zur Zeit Konstantins begonnen worden war, als der Kaiser befohlen hatte, für die Zeremonien eines Kultus, dessen Anhänger er geworden war und den er aus eigenstem politischem Interesse unterstützte, einen prunkvollen, monumentalen Rahmen zu schaffen. Sie vergrößerten schon vorhandene Gebäude, errichteten neue, manchmal auf dem Forum selbst, auf dem Gelände der Tempel der falschen Götter, und verwendeten dafür, den antiken Überlieferungen völlig getreu, Teile der alten Bauten. Nach dem Vorbild der Hallen, worin die Gerichtsbeamten im Namen des Souveräns Recht sprachen, erbauten sie Basiliken, Langschiffe, die von seitlichen Wandelgängen flankiert waren und in einer Apsis endeten, in der sich der Sitz des Bischofs befand. Nach dem Vorbild der Grabdenkmale, wie demjenigen, das Konstantin in Jerusalem erbauen ließ, um das Heilige Grab zu schützen, errichteten sie Taufkapellen als Zentralbauten um das Achteck des Beckens als Symbol eines Übergangs vom Irdischen zum Himmlischen, vom Materiellen zum Spirituellen. Und eine besondere Sorge der geistlichen Herren war es, diese Orte der Konversion zu schmücken, als Orte der periodischen Reproduktion einer neuen Gesellschaft, als Orte der Integration. Die Taufkapelle war in der Tat das leuchtende Sinnbild des Sieges des Christentums.

Von Natur aus sind die monotheistischen Religionen bilderscheu: der alleinige Gott läßt sich nicht abbilden. Seine Gegenwart äußert sich durch Zeichen. Darüber hinaus mußte das monotheistische Christentum unablässig darum kämpfen, den rivalisierenden Religionen den Boden zu entziehen. Die Bischöfe des frühen Mittelalters, die die Bildnisse der alten Götter zerbrachen, hüteten sich vor Standbildern. Schließlich verweigerte auch die »barbarische« Kultur, die sich immer weiter ausbreitete, die bildliche Darstellung. Die monumentale Skulptur verschwand deshalb für ganze Jahrhunderte fast gänzlich. Dennoch setzten die Leiter der Kirche auf die Bauwerke, die sie errichteten, Gestalten von Männern und Frauen. Die Institution der Kirche sah sich genauso wie das Reich, an dessen Stelle sie sich setzte, gezwungen, ihre Macht den Massen, die sie sich zu unterwerfen verstand, sichtbar darzustellen und in überzeugenden Bildern zu zeigen. Zudem mußte sie auch ihre Lehre verbreiten. Papst Gregor der Große, zu Beginn des 7. Jahrhunderts, war davon überzeugt, man müsse das, was man den Gelehrten durch den Text beibringe, diejenigen, die nicht lesen können, durch das Bild lehren. Schließlich und vor allem aber sei der Gott der Christen Mensch geworden, habe Menschengestalt und das Gesicht eines Menschen angenommen. Also müsse es möglich sein, ihn darzustellen.

Sein Bild wird von nun an zum Vermittler, so wie er selbst der Fleisch gewordene Gott ist. Dieses Zeichen, das das Bild ist, wird in der ersten Bedeutung dieses Begriffs ein »Sakrament«, ein Mittel der Verbindung zwischen der göttlichen und der menschlichen Person. Das ist der Grund, weshalb, so wie die Rhetorik und die Steinarchitektur, auch die bildende Kunst der Antike des Mittelmeerraums im Westen überlebte. Aber sie neigte dazu, sich in die Nähe der Gräber zurückzuziehen. Zumindest scheint uns das so: der allergrößte Teil der Kunst des frühen Mittelalters ist verschwunden, und der friedhofartige Eindruck, den das macht, was davon übrigblieb, rührt vielleicht daher, daß fast alle diese Überreste von den Archäologen ausgegraben werden mußten. Wie auch immer, eines steht fest: die Kultur der römischen Städte in ihrer jüngeren Entwicklung,

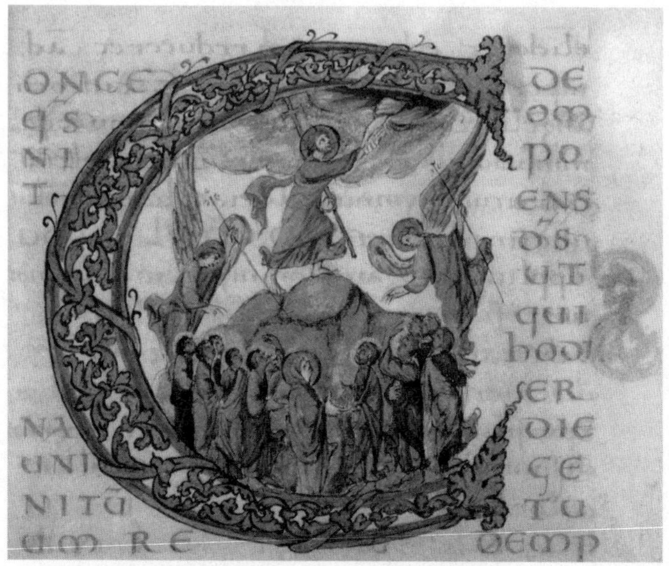

Drogo-Sakramentar, Metz, um 850: Himmelfahrt Christi, in einem mit Akanthus verzierten Buchstaben C. Die Heilsgeschichte war darstellbar geworden.

die jeweils einheimischen ansässigen und die eingeführten barbarischen Kulturen stimmen nirgendwo so innig miteinander überein wie im Kult der Toten und dieser besonderen Toten, der Heiligen. Die Reste dieser Helden des erobernden Christentums, die im Jenseits weiterlebten, ruhten auf dieser Erde. Durch ihre Reliquien konnte man sich ihnen nähern, ihnen dienen und sie durch diesen Dienst selbst zwingen, den ihnen Ergebenen zu helfen, zu ihren Gunsten einzuschreiten. Das Heilige und der Glaubenseifer fanden bessere Aufnahme in den Grabkammern als in der kühlen Architektur der Basiliken, und dort richteten sich mit Vorliebe die *Imagines* ein, das heißt Gespenster, phantomartige Darstellungen der schützenden Mächte. An diesen Orten beobachtet man auch den unerbittlichen Rückzug der illusionistischen Darstellung. Er wurde beschleunigt durch die Verlagerung der Orte der Macht in den Norden, fern den mediterranen Bildquellen, und durch den Fortschritt der Evangelisierung jenseits der alten Grenzen des Römischen Reiches.

Seit der Mitte des 5. Jahrhunderts war das Christentum nach Irland gedrungen. Hundertfünfzig Jahre später machte sich Gregor der Große daran, England zu bekehren. Dieser päpstliche Vorstoß errichtete quer über den Kontinent, zwischen den Britischen Inseln und Rom, eine Verbindung, die eine der Hauptachsen der europäischen Konstruktion werden sollte. Auf den Inseln, auf denen alle römische Kultur erloschen war, gründeten die Missionare sie neu. Sie kamen mit Büchern. Diese Bücher waren in klassischem Latein geschrieben. Um sie zu benutzen, mußten die Neubekehrten, die Mönche oder Priester geworden waren, diese Sprache wie eine Fremdsprache lernen, und das erforderte es, die in Rom zum Unterricht der schönen Sprache angewandten Schulmethoden zu verpflanzen. Diese Sprache bewahrte deswegen in den Ländern, wo das Volk nicht wie in Gallien ein verwildertes Latein sprach, seine Reinheit. Die Bücher wurden abgeschrieben. In einigen waren menschliche Gestalten gemalt. Die Kopisten ahmten diese Gestalten nach. Sie deuteten sie auf ihre Weise und bemühten sich, sie den Abstraktionen der einheimischen Kunst anzupassen.

In diesen Ländern ohne städtische Siedlungen beruhten die Einrichtungen der Kirche auf den Klöstern. Dort befanden sich die Bücher, die Schule und die Bilder, aller Glanz der römischen Kultur. Das Mönchtum war aus den Wüsten des östlichen Mittelmeerraums in wilden, asketischen und vagabundenhaften Formen nach Irland gelangt. Wandernde Mönche verbreiteten diese Formen zu Beginn des 7. Jahrhunderts in Gallien. Aber zur gleichen Zeit begründeten von Rom gesandte Missionare in England Klöster, die einer ganz anderen Regel folgten, nämlich der durch Benedikt von Nursia in Mittelitalien ausgearbeiteten Regel, die Papst Gregor in Rom in seinem eigenen Haus eingeführt hatte. Diese Regel setzte sich in ganz Europa durch. Ihr Erfolg rührte daher, daß sie vollkommen den Erwartungen der höheren Gesellschaft entsprach. Das Benediktinerkloster ähnelte in der Tat den großen Adelssitzen, die auf umfangreichen, von abhängigen Arbeitern bewirtschafteten Ländereien errichtet waren. Es war eine reiche, im ländlichen Wohlstand verwurzelte Einrichtung, in der, wie in den ländlichen *villae*, wohin sich der Senatsadel zurückgezogen hatte, die Erinnerung an die verlassene Stadt aufrechterhalten blieb. Das Benediktinerkloster war die verkleinerte Nachbildung der Stadt, in sich geschlossen, aber mit allen Bequemlichkeiten versehen, mit Brunnen und Bädern, als ein Ensemble fester Gebäude, die um einen zentralen Raum ausgerichtet waren, den Kreuzgang mit kapitellgeschmückten Säulengängen, ähnlich denen eines Forums.

Die Männer, die sich an diesem Ort fern der Welt niederließen, hatten auf persönlichen Besitz und auf die Ehe verzichtet. Sie bildeten eine Bruderschaft, die durch den Abt als ihren Vater, den sie gewählt hatten, geleitet wurde. Sie waren wie Krieger in ihrer Festung abgeschieden und kämpften, gut ausgestattet und reich genährt, um kräftiger zu sein, im Nahkampf gegen die Kräfte des Bösen, wobei es ihre Aufgabe war, zu allen Stunden des Tages und der Nacht den Ruhm Gottes zu singen. Sie beteten für das Volk. Sie sammelten für es die Gnaden Gottes. Zwischen dem Volk und der göttlichen Macht, zwischen dem Volk und den Heiligen, deren Reliquien das Kloster bewahrte, nahmen diese reinen, disziplinierten und gelehrten Männer die Rolle berechtigter Vermittler ein, wofür diese Glaubenshelden mit reichen Opfergaben belohnt wurden und im Schoß einer Gesellschaft, die um ihr Heil besorgt war, eine beträchtliche Macht innehatten. Besonders die Macht des Schöpferischen, die sich langsam aus den verlassenen, verarmten und von der Pest verheerten Städten entfernt hatte. Unmerklich gingen die Macht und die Pflicht, Gott die Reichtümer dieser Welt zu weihen, in die Hände der Benediktinermönche über. Und sie übernahmen sie ohne Bedenken, denn das Heiligtum zu schmücken erschien ihnen als notwendige Ergänzung ihres Gesangs. Als Förderer von Kunstwerken

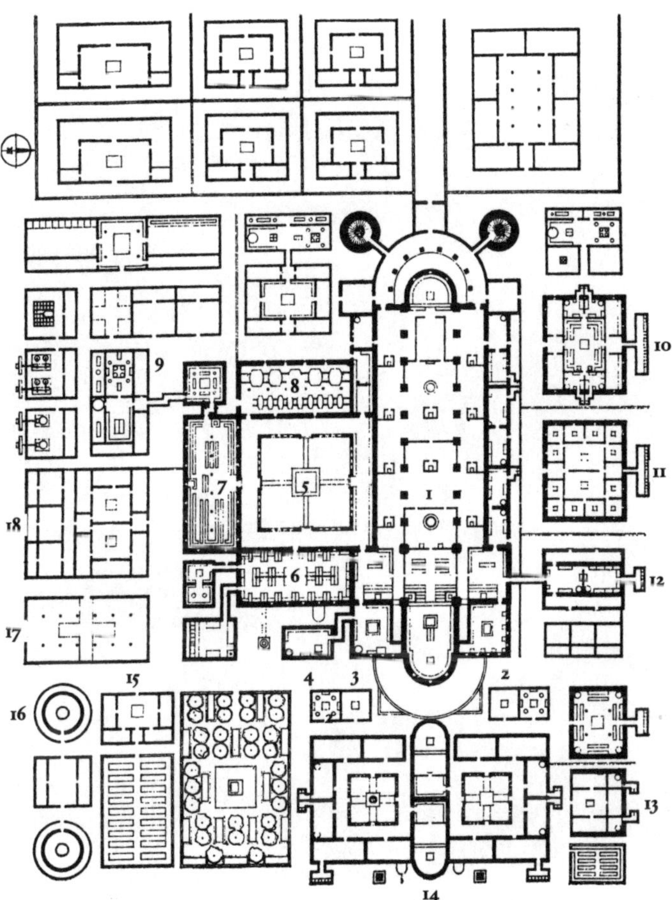

Plan von St. Gallen als wohleingerichtetes Benediktinerkloster, um 1000: Um die Kirche (1) mit Bibliothek und Schreibstube (2) sowie Sakristei (3) liegen die Wohn- und Wirtschaftsräume. In (4) werden Brot und Öl bereitet. Um den Kreuzgang (5) liegen der Schlafsaal mit darunterliegendem Wärmeraum (6), der Speisesaal (7) und (8) Wein- und Bierkeller sowie (9) Küche und Brauhaus. (10) Gebäude für vornehme Gäste, (11) Schule, (12) Abtswohnung, (13) Ärztehaus, (14) Noviziat und Krankenhaus, (15) Gärtnerhaus mit Garten, (16) Geflügelhöfe, (17) Kornscheune, (18) Haus der Werkleute und weitere Wirtschaftsgebäude.

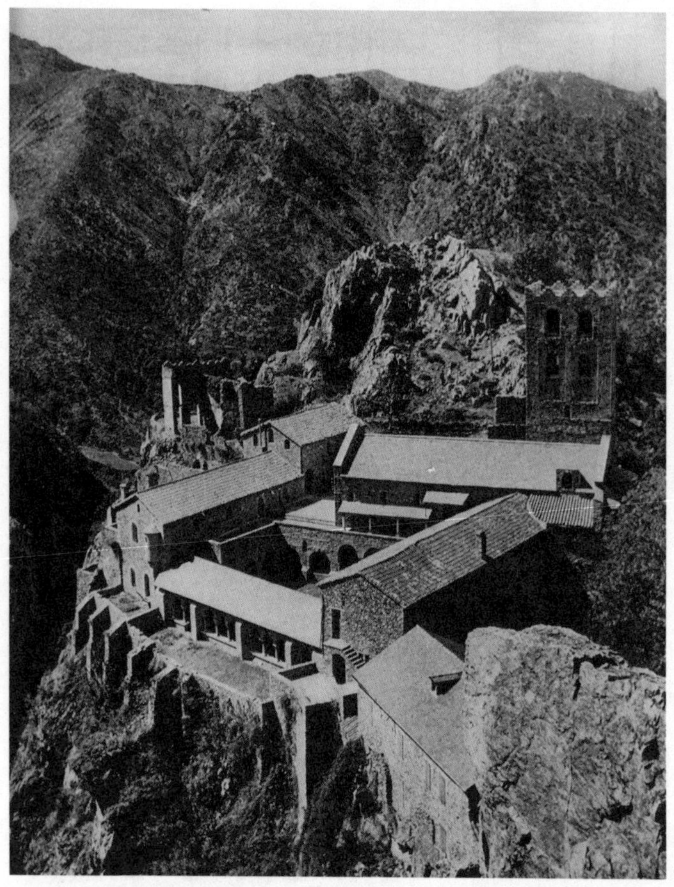

Das Benediktinerkloster Saint-Martin-du-Canigou, Pyrenäen.

erwiesen sie sich als treue Bewahrer antiker Überlieferungen. In der Tat fanden in ihren Klöstern – den angesichts einer wachsenden Verderbnis der Welt errichteten Refugien – das an eine schweigende geistliche Vervollkommnung angepaßte Schulsystem, die Bücher, das gute Latein und alle Überreste einer antiken Ästhetik ihr sicherstes Asyl. Dergestalt wurden die

Keime aller künftigen Renaissancen im 7. und 8. Jahrhundert in den Schoß eines benediktinischen, feudalen und gelehrten Mönchtums gelegt.

Die tätigsten Baumeister der Entstehung Europas – und einer europäischen Kunst – kamen in dieser Zeit aus den angelsächsischen Klöstern. Die Regel des heiligen Benedikt hatte dort einige Korrekturen erfahren, die die strikte Verpflichtung zur Ansässigkeit milderten. Diese Mönche verstanden es wirklich, das Missionswerk fortzusetzen, und viele von ihnen gingen, wie einst die Iren, auf den Kontinent, um zwischen den Sümpfen der Rheinmündung und in den Wäldern Germaniens die noch heidnischen Völkerschaften zu bekehren. Diese kriegerischen und plündernden Stämme bedrohten das fränkische Volk, dessen Herren wohl wußten, daß sie weniger Mühe hätten, sie zu unterwerfen, wenn sie christianisiert wären. Sie unterstützten daher die Missionare. Diese Mönche überzeugten sie, daß die in Verfall geratene fränkische Kirche reformiert werden müsse. Sie bemühten sich, sie aus der Verwilderung zu bringen, und machten sich zuerst an die Klöster. Sie erneuerten dort den Unterricht in den freien Künsten, den *artes liberales*, die sie für unabdingbar für jeden hielten, der das Latein der heiligen Schriften verstehen wollte. Das Erbe des römischen Klassizismus, das jahrzehntelang auf den Britischen Inseln einbalsamiert war, kehrte so nach Gallien zurück, und was davon noch in Gallien überlebt hatte, wurde höchst wirksam gestärkt.

Traditionsgemäß waren die englischen Benediktiner eng mit Rom verbunden. Sie vermittelten ein Bündnis zwischen dem Papsttum und den Herrschern von Austrasien, der am wenigsten entwickelten, aber auch lebendigsten fränkischen Provinz, wo eine fruchtbare Mischung zwischen gallo-römischen Überlieferungen und denen der germanischen Völker entstanden war. Der Papst brauchte militärische Unterstützung, um den Langobarden standzuhalten. Im Jahre 754 kam er nach Saint-Denis in Frankreich, um den Frankenkönig Pippin, den Hausmeier der Hofhaltung Austrasiens, zu salben. Drei Jahre zuvor hatte Bonifatius, der angelsächsische Mönch und jetzt Bischof von Mainz, der die kirchliche Reform wie auch die Bekehrung der Germanen leitete, den Leib Pippins schon einmal mit dem heiligen Öl, das die göttliche Gnade übermittelt, gesalbt. Es war auch nötig: die merowingischen Herrscher, deren Platz Pippin einnahm, galten als in direkter Linie von den Göttern des germanischen Pantheons abstammend und bezogen daher ihr Charisma. Als Usurpator mußte der neue König seinerseits von einer übernatürlichen Macht durchdrungen werden. Er wurde es gemäß den Riten, die das Alte Testament vorschreibt und die man bei den Bischöfen anwandte. Diese Gesten, diese Worte machten ihn zum Gesalbten des Herrn, zum Auserwählten des Christengottes. Von dieser doppelten Salbung an ließe sich die Geburt Europas datieren. Denn diese politische Handlung vereint die wichtigsten Handlungsträger der europäischen Konstruktion: die päpstliche Macht, die Kriegsherren, die Gallien beherrschten, die angelsächsischen Erneuerer der kirchlichen Institution und die Missionare Germaniens, dessen Erzbischof Bonifatius war. Jedenfalls ist in der Kunstgeschichte Europas die Krönung ein Hauptthema. Wie die Bischöfe gesalbt, fühlten die Könige sich von nun an als deren Amtsbrüder. Sie waren sich bewußt, mit einer Hälfte ihrer Person der Kirche anzugehören, was sie dazu verpflichtete, ihre ganze Kraft in den Dienst Gottes zu stellen. Ihn zu verherrlichen und damit unmittelbar an der künstlerischen Schöpfung teilzunehmen, und dies nicht mehr auf »barbarische« Art, sondern in dem Bestreben, das Vermächtnis des römischen Altertums, dessen Treuhänderin die Kirche war, fruchtbar zu machen.

Und das um so mehr, als die Krönung unmittelbar zur Wiederherstellung des Weströmischen Imperiums führte. Unter der neuen Dynastie stellte sich wieder eine Art von Ordnung in Gallien her. Seit einem Jahrhundert hatten die Verwüstungen durch die Pest aufgehört. Die Lücken, die sie in die Bevölkerung gerissen hatte, füllten sich wieder. Milderes Klima begünstigte einen Aufschwung der Landwirtschaft. Nach seinem Vater Pippin war Karl der Große nach Italien gezogen,

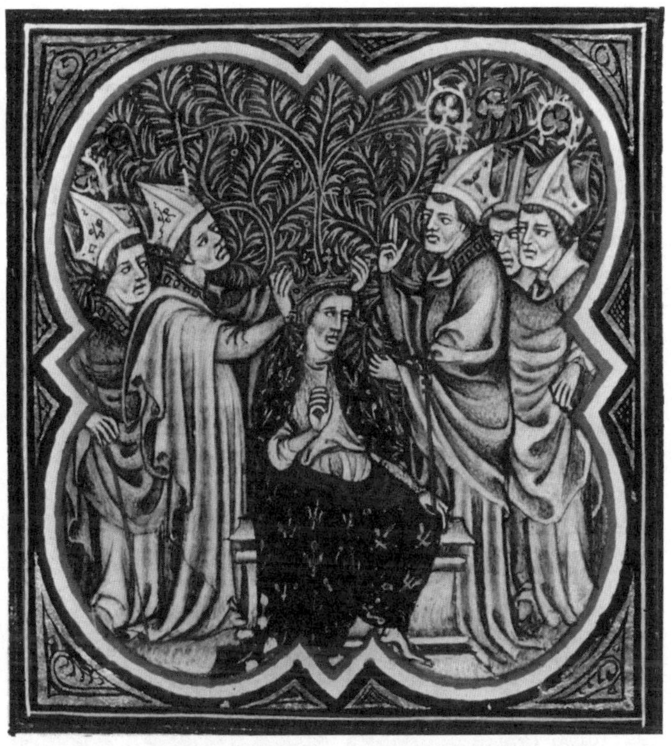

Französische Handschrift: die Krönung Karls des Großen im Jahre 800 durch den Papst in Rom.

um für den Papst Krieg zu führen, hatte sich zum König der Langobarden ausrufen lassen und seine Heere über die Pyrenäen geführt, um die christliche Rückeroberung des islamisierten Spanien zu beginnen. Die Macht des Frankenkönigs dehnte sich unablässig aus und umfaßte jetzt nahezu die gesamte lateinische Christenheit. War nun nicht der Augenblick gekommen, sie unter einem einzigen Herrn zu sammeln, der sie an der Seite des Nachfolgers des Apostels Petrus zum Heil führen würde? Der Augenblick, um diesen Traum zu verwirklichen, die Wiedererweckung des kaiserlichen und christlichen Rom? Der römische Klerus war davon überzeugt und bemühte sich, auch Karl den Großen davon zu überzeugen. Dieser rohe Mensch, der vor allem den Kampf, die Jagd und Bäder in warmen Quellen liebte, ließ sich am Weihnachtstag des Jahres 800 im Namen des Augustus in der päpstlichen Basilika krönen und huldigen. Man machte ihm klar, daß er als Erbe Konstantins die gleiche Verantwortlichkeit gegenüber der Kirche und der lateinischen Kultur übernehmen müßte. Also unternahm er es, wie es der erste der christlichen Kaiser getan hatte, steinerne Gebäude zu errichten und auszuschmücken.

Er hatte die Bauten in Ravenna und in Rom gesehen, die in seinen Augen das überzeugendste und modernste Bild eines christlichen lebendigen Reiches darstellten. Als er entschieden hatte, im Land seiner Väter seine eigene Hauptstadt zu gründen, da ließen sich die Baumeister, die er damit beauftragte, in Aachen die Pfalzkapelle zu errichten, worin er, wie der Kai-

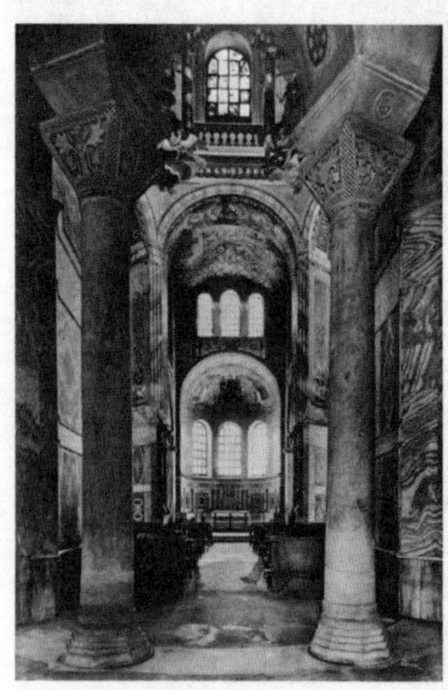

San Vitale,
Ravenna.

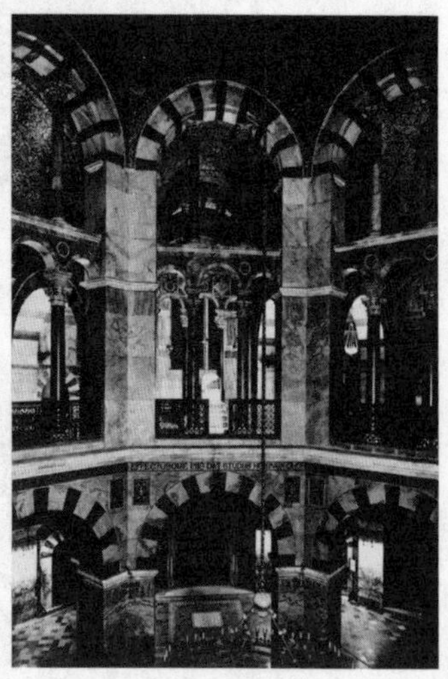

Pfalzkapelle Karls des Großen,
Aachen.

ser des Oströmischen Reiches, hoch auf der Empore den Lobeszeremonien vorstand, nahezu selbstverständlich von San Vitale in Ravenna und vom Pantheon inspirieren. Aus Rom ließ er einige Bronzestatuen kommen, und an dem Hof, der sich nach und nach um seine Person bildete und wo er selbst sich mit seinen Tischgenossen anstrengte, so zu sprechen, sich so zu unterhalten und zu betragen, wie sie es in der Umgebung des Papstes gesehen hatten, begann zaghaft die erste der Renaissancen, die einander durch das ganze Mittelalter hindurch folgen sollten.

Nach dem Tod Karls des Großen kräftigte sich diese Renaissance unter der Herrschaft seines Sohnes Ludwig, während das Unternehmen der Kirchenreform in einer zweiten Phase von den Klöstern auf die Bischöfe überging. Ihren vollen Glanz gewann sie in der dritten Generation, im Umkreis Karls des Kahlen, des Königs der Westfranken. Das nordwestliche Gallien war in der Tat die fruchtbarste Landschaft, die die Franken beherrschten. Dort gab es noch deutliche Spuren antiker Überlieferungen, dazu kamen noch belebende Einflüsse vom Ufer des Rheins und den Britischen Inseln. Die Renaissance, die wir die karolingische nennen, entfaltete sich dort zwischen Reims, Compiègne und Orléans. Sie war das Werk der Söhne der Reichsaristokratie, die in den großen Klöstern erzogen und dann auf einen Bischofssitz erhoben worden waren. Sie waren es, die nach Italien schickten und in den Bibliotheken das abschreiben ließen, was von der antiken lateinischen Literatur noch nicht verloren war, und es so in höchster Not, *in extremis*, vor einer völligen Zerstörung retteten. Diese Männer waren allesamt Vettern und bildeten eine homogene Gruppe, die durch ständigen Briefwechsel und die Pflicht, sich regelmäßig auf vom König einberufenen Versammlungen zu treffen, verbunden war. Sie hegten alle denselben Wunsch: ins Goldene Zeitalter zurückzukehren und den Glanz Roms wieder aufleben zu lassen. In der Stadt, in der sie ihren Bischofssitz hatten, führten sie das von ihren Vorgängern in der Spätantike begonnene Wirken weiter und vermehrten insbesondere die Bauten um die Mutterkirche. Sie befahlen, die Basiliken in den Vorstädten wiederaufzubauen. Es liegt wohl daran, daß von diesen Gebäuden kaum mehr als die von Archäologen ausgegrabenen Fundamente übrig sind, wenn die große Kunst dieser Zeit nicht monumental zu sein scheint, sondern sich immer noch, wie einst bei den germanischen Stämmen, auf kleine tragbare Gegenstände beschränkt: Symbole und Schmuck der Macht. Die Bischöfe und die Äbte der großen Klöster ließen sie aus Gold, Edelmetallen und Kristall herstellen, aus sehr kostbaren Materialien, in denen der ganze Reichtum der Erde gespiegelt schien, von sehr geschickten Künstlern, die sie in ihr Haus aufnahmen und die sie sich gegenseitig liehen. Wenn diese Werke aus den häuslichen Werkstätten kamen, so zirkulierten sie stets erst eine Weile als Gabe und Gegengabe in der sehr begrenzten Umgebung des Fürsten, ehe sie neben den Reliquiaren im Schatz der großen Kirchen ihren festen Platz fanden.

Alles Streben nach formaler Vollkommenheit scheint nun auf das Buch gerichtet. Auf Bücher, die, von der Achtung geschützt, die ihre Schönheit erweckt, in stolzer Zahl auf uns gekommen sind. Im Christentum, das in seinen reinsten Formen vor allem Zeremonie war, Sache von Riten und gesprochenen Worten, verdiente das Buch in der Tat diese bevorzugte Behandlung, denn es enthielt, wie ein Tabernakel, das Wesentliche des Heiligen, das in dieser Welt gegenwärtig ist: das Wort Gottes. In einem Latein, das man vor Verunreinigungen bewahrte, als die unmittelbarste Verbindung zwischen den Menschen und ihrem Gott, und das nun vor uns auf dem Pergament steht, schön geschrieben in jener Schrift von höchster Klarheit, die die Gelehrten am Hofe Karls des Großen geschaffen hatten, indem sie sich auf die Schrift der antiken Manuskripte, die sie bewunderten, stützten, und die sich in ganz Europa verbreitete und deren Buchstaben immer noch die unserer Druckwerke sind. Die Kunst in Büchern ist eine private, vertrauliche und mithin freie Kunst, also offen für die Kühnheiten der Erneuerung. Und genau in diesen dem Gebrauch der gebildetsten Priester vorbehaltenen und in der Nähe der Altäre fern den Blicken des Volkes aufbewahrten Gegenständen brachen die aus der heidnischen Antike stammen-

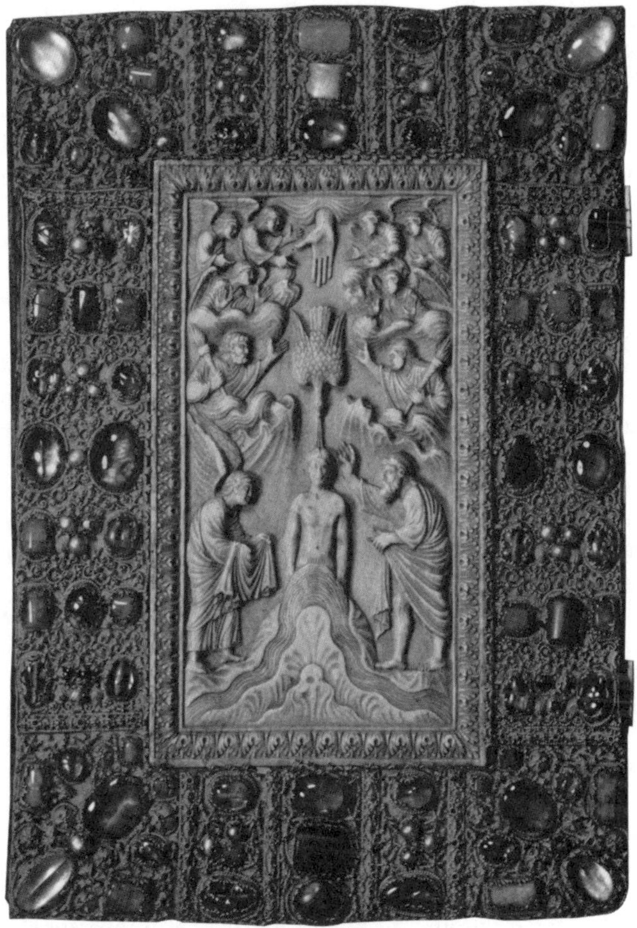

Elfenbeinschnitzerei auf dem Einband eines Evangeliars, um 960/80: Taufe Christi.

den Formen, welche die Furcht vor einer Begünstigung bösen Glaubens lange beiseite geschoben hatte, mit größter Kraft wieder hervor. Den Elfenbeinschnitzern, die mit den Goldschmieden zusammen den Einband schufen, diesen Schrein des göttlichen Wortes, empfahl man, als Vorbild die Werke ihrer Vorgänger aus der Zeit Konstantins zu nehmen, die ihre Auftraggeber sammelten. Hier erscheint wieder das Relief, eine förmliche Skulptur, die von neuem den menschlichen Leib mit der Achtung vor seinen Proportionen und manchmal nicht ohne Zärtlichkeit bildet. Um im Inneren des Buches die Bildnisse von Kaisern und Evangelisten vor dem Hintergrund imaginärer Architekturen zu zeichnen, griffen auch die Maler auf Verfahren von Künstlern des antiken Rom zurück, mit denen sie die Illusion von Leben, Bewegung und Tiefe erweckten.

In der Mitte des 9. Jahrhunderts, zum gleichen Zeitpunkt, da die künstlerische Renaissance der Karolinger auf ihrem Gipfel stand, sah sich die lateinische Christenheit erneut brutalen Eroberern gegenüber. Es handelte sich nicht mehr, wie vierhundert Jahre zuvor, um wandernde Völkerschaften, sondern um Raubzüge. Die Angriffe kamen von allen Seiten. Während auf der Iberischen Halbinsel der Rückzug des Islam begann, bemächtigten sich moslemische Abenteurer Stück für Stück Siziliens; andere setzten sich an den Küsten der Provence fest und kontrollierten die Übergänge über die Alpen. Für das Jahr 898 sind die ersten Einbrüche ungarischer Horden im Osten bezeugt, die durch Unruhen in Innerasien verursacht worden waren. Schon mehr als ein ganzes Jahrhundert zuvor waren Wikinger-Piraten in Irland aufgetaucht, seit einem halben Jahrhundert hatten sie begonnen, die Ströme Galliens hinaufzufahren, und seit mehr als zwanzig Jahren eroberten die Dänen England.

Man darf die Schäden nicht geringschätzen, die diese Angriffe auf ein Europa, das noch kurz zuvor als Eroberer aufgetreten war, verursachten. Seine Könige waren bis dahin von ihren üblichen Zügen beutebeladen zurückgekehrt und hatten den Tribut der unterworfenen Völker für kostbare Opfergaben verwandt, um Gott für seine Gnade zu danken. Das Gold, das in den Kathedralen und den Klöstern des Reiches auf den Wänden der Reliquienschreine leuchtete, hatte sich Karl der Große im Lager der Avaren geholt, die er in Pannonien besiegt

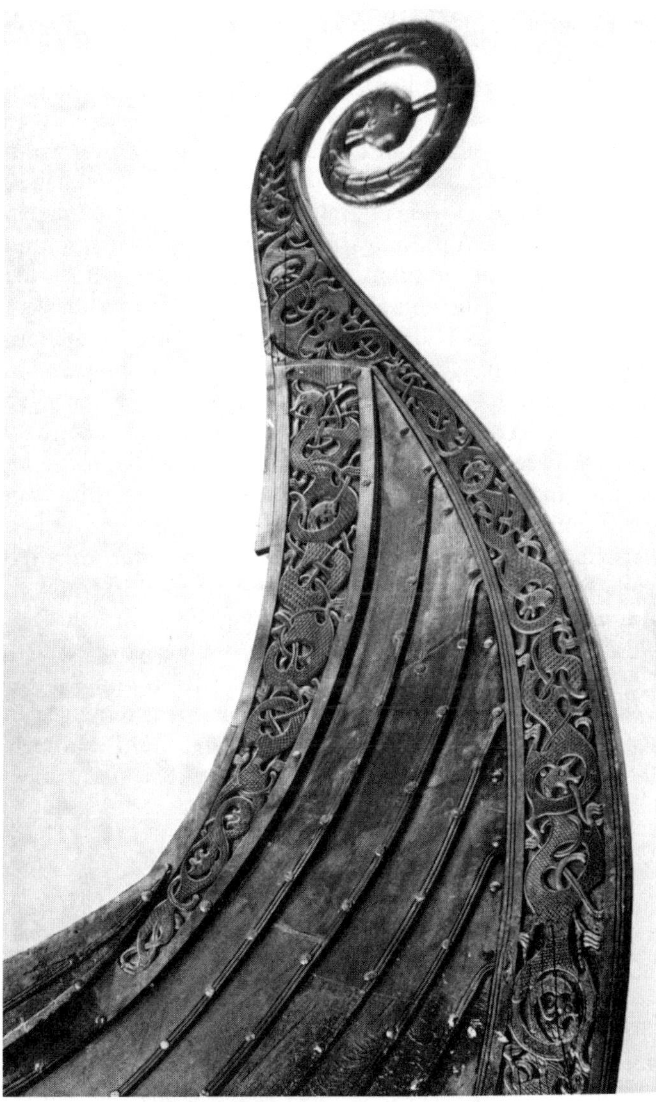

Verzierter Bug eines Prunkschiffes der Wikinger.
Das Osebergschiff, 9. Jahrhundert.

hatte. Dieses Gold begehrten jetzt andere Heiden. Sie stürzten sich nicht auf den Westen, um sich ihm einzufügen, sondern um seine Schätze zu plündern. Sie belagerten die Städte und die Klöster. Sie nahmen sie ein und verwüsteten sie. Und in ihnen befanden sich nicht nur die Reste antiker Kunst, worin die Überlieferungen wurzelten, sondern auch die Werkstätten der neuen Kunst. Viele von ihnen wurden zerstört. Zu diesen Schäden kam die Auflösung der Stätten der Macht und mithin der Brennpunkte künstlerischer Schöpfung. Der Schock der feindlichen Einfälle enthüllte in der Tat die Zerbrechlichkeit des politischen Gebildes. Er erschütterte es, ließ es splittern und zerbrechen. Mit dem Impetus von vielversprechenden Eroberungen hätte sich die Reichseinheit wiederherstellen lassen; zur Verteidigung genötigt, zeigte das Reich aber bald seine Schwächen. Die Vereinigung des Volkes Gottes unter einem einzigen Herrscher erschien nun als das, was sie war: ein Traum von Intellektuellen. Den heimlichen und unvorhersehbaren Angriffen Widerstand zu leisten, dafür wirkungsvolle Festungen zu errichten, Wachen aufzustellen, mit den Angreifern zu verhandeln und Gegenangriffe zu führen – das wurde jetzt überall zur Angelegenheit der lokalen Gewalten. Im 10. Jahrhundert, als die Autonomie der regionalen Bevölkerungen unter der Herrschaft von Fürsten, die zugleich Kriegsherren, Beschützer der großen Klöster und Beauftragte des jeweiligen Schutzheiligen der Provinz waren, sich stärkte,

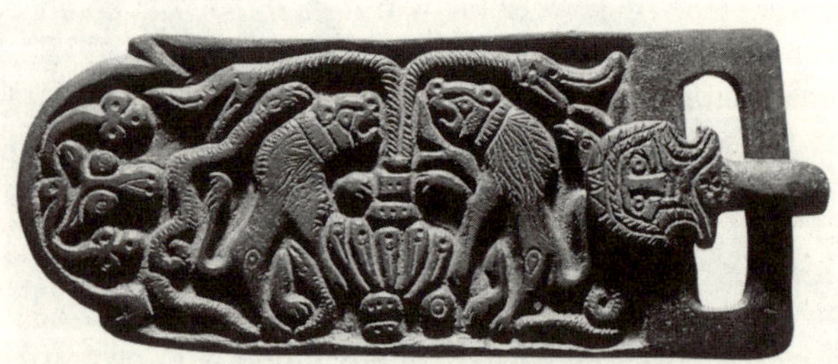

Westgotische Gürtelschnalle.
Archäologisches Museum Madrid.

begann so eine Bewegung, die dazu führte, daß die Streitkräfte um jede Burg zusammengezogen wurden. Und dort, in diesem engen Rahmen, zwangen dann die Notwendigkeiten des Kampfes dazu, das, was man früher für die Kunst aufgewendet hatte, zur Ausstattung und zum Unterhalt von Truppen anspruchsvoller und wüster Berufskrieger auszugeben.

Die Invasionen wurden jedoch auch zu Elementen der Verjüngung, fegten einen guten Teil des Baufälligen und Wurmstichigen hinweg, das sich der Erneuerung entgegenstellte. Sie begünstigten alle Arten von Austausch und Wechsel. Wenn die Waffen ruhten, wurden die Lager der Seeräuber zu Handelsplätzen, und die Mönche, die vor den Plünderern flohen, gingen nicht mit leeren Händen, sie nahmen ihre Bücher mit, ihre Reliquiare, ihre Legenden, ihre besonderen Arten, Psalmen zu singen oder Kirchen zu bauen, und diese Formen, die in jene Provinz verpflanzt wurden, wo sie sich niederließen, vermischten sich mit den einheimischen Formen und beschleunigten die Erneuerung. Wie in der Zeit der großen Völkerbewegungen im frühen Mittelalter wurden die Grenzen verwischt, die im Norden und im Osten die christianisierten Länder von den von anderen Völkern bewohnten Regionen trennten. Skandinavier und Ungarn wurden schließlich seßhaft, sie bekehrten sich, und sie fügten sich in die europäische Gemeinschaft ein mit ihrem kulturellen Erbe, mit ihrer Art, Holz zu schnitzen, Stoffe oder Amulette zu verzieren. Die Historiker sprechen von dieser Epoche heute nicht mehr als von einem »dunklen Zeitalter«, einem »eisernen Jahrhundert«. Der Impetus des Wachstums, dessen erste Kennzeichen sich zu Beginn der Karolingerzeit zeigten, wurde nicht gebrochen, sondern eher belebt durch die große Vermischung, die die feindlichen Einfälle hervorriefen. Die Fermente des Schöpferischen, die nach dem Jahr 1000 das plötzliche Hervortreten der großen mittelalterlichen Kunst vorbereiteten, sind gerade in den Ländern – wie etwa Sachsen – aktiver, die Flüchtlinge aufnahmen, oder in jenen Gegenden, die – wie Katalonien und die Küstenstreifen der Nordsee und des Ärmelkanals – durch ihre geographische Lage Begegnungen und Mischungen begünstigten.

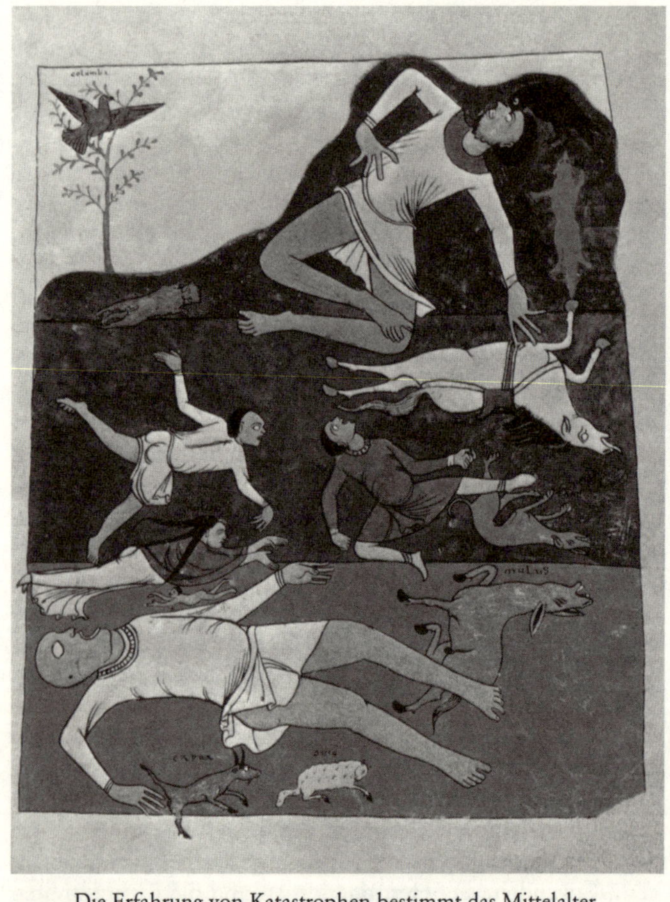

Die Erfahrung von Katastrophen bestimmt das Mittelalter.
Die Sintflut, aus dem Apokalypsen-Kommentar des Beatus von Liébana,
Mitte 11. Jahrhundert.

960–1160: Mönche und Ritter

Das Römische Reich des Westens war während der Unruhen auseinandergebrochen. Im Jahr 962 wurde es ein zweites Mal wiederhergestellt, unter dem deutschen König Otto, einem Sprößling der Stammeshäuptlinge Sachsens, einer der Bollwerke des Widerstands gegen die heidnischen Einfälle. Es war also in Germanien, daß die zur Zeit Karls des Großen begonnene Renaissance wieder aufblühte, im erst jüngst evangelisierten, unterworfenen und organisierten Teil des Reiches, in Provinzen, die weniger als andere unter den Plünderungen gelitten hatten, wo man viele Reliquiare geborgen hatte und das Gerüst des karolingischen Staates besser standgehalten hatte.

Die Orte der kulturellen Schöpfung blieben die gleichen: einerseits der kaiserliche Hof, vom Willen beseelt, die Sitten und Tugenden der hohen römischen Gesellschaft wiederzubeleben, und mit den ersten Formen dessen, was später höfisches Benehmen, Courtoisie, genannt werden wird, andererseits die Bischofssitze, die als Stützen des Reiches wie früher von nahen Verwandten des Herrschers eingenommen wurden oder von Männern hoher Geburt, die er an seinem Hof erzogen hatte. Die zum Hof wie zum Bischofssitz gehörenden Künstler fertigten die gleichen Gegenstände, inspirierten sich an den gleichen Vorbildern und folgten den gleichen Anweisungen auf der Suche nach formaler Vollkommenheit. Ihre Kunst gipfelt in den Malereien der Perikopenbücher und in den Goldschmiedearbeiten der Altarverzierungen, wo auf goldenen Platten dieselben Gestalten auftreten, die auch als Relief in die Bucheinbände geschnitzt waren. Indessen wird der Vorrang der Architektur von nun an sichtbar, und diese Zeugen stehen

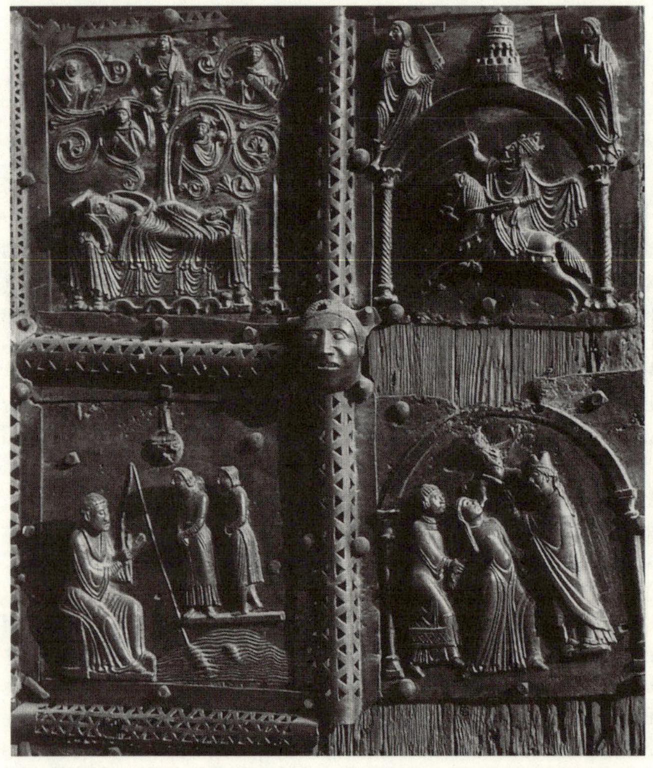

Vier Felder der Bronzetüren von San Zeno in Verona, 1135/40: Der Baum Jesaja, ein reitender König, der heilige Zeno beim Fischfang und eine Teufelsaustreibung (von links oben nach rechts unten).

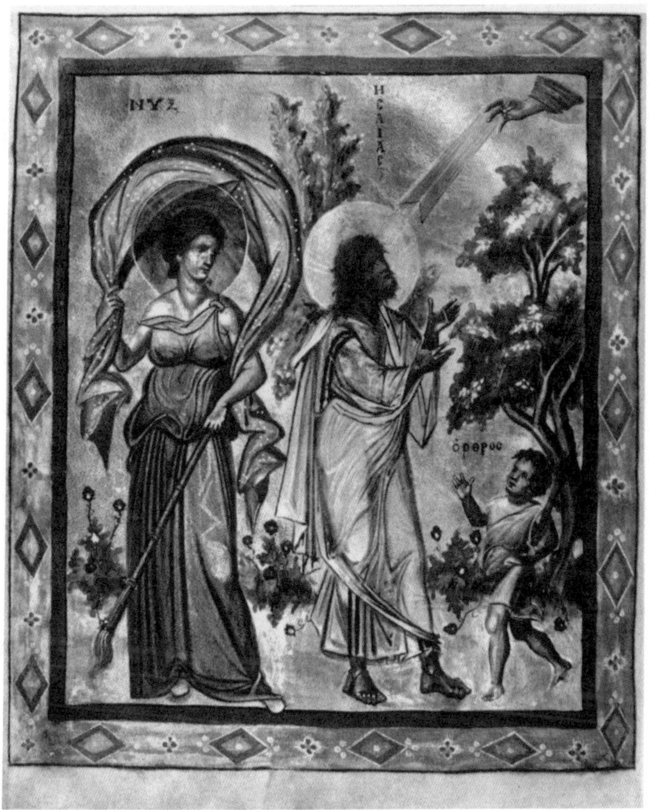

Byzantinische Buchillustration des 10. Jahrhunderts in hellenistischer Tradition: Jesaja im Gebet.

noch vor unseren Augen: die Mauern der großen Hallen, in denen der Kaiser bei Festmählern den Vorsitz hatte, und, massiv und solide ausgewogen, Kathedralen und Klosterbasiliken. An den Fassaden dieser Kirchen wurden manchmal, auf römische Art, Bronzetore angebracht. Die geistlichen Bauherren wagten es, dort Bilder als stumme Predigt der freien Betrachtung auszusetzen. Diese Bilder waren nicht mehr graviert oder ziseliert: Um überzeugender zu wirken, entfalteten sie sich in den drei Dimensionen des Raums. Das war die wichtigste Neuerung: das Aufkommen einer öffentlichen Skulptur, die sich nach Osten in die slawischen Länder verbreitete (deren Christianisierung die Könige Germaniens unterstützten) und die auch Italien erreichte, das von dem neuen Imperium sehr abhängig war. Außerordentlich neu war auch die Erneuerung klassischer Formen, wie man sie in den Objekten der Kirchenschätze findet. Das Vorbild kam dieses Mal aus Byzanz, woher die Gattin Ottos II. stammte. Diese Frau und ihr Gefolge brachten Schmuckgegenstände und Devotionalien mit. So gelangte in den letzten Jahrzehnten des 10. Jahrhunderts in das kaiserliche Deutschland der Widerschein von Formen, die in einem (selbst wicderauflebenden) christlichen Osten geschaffen worden waren, der so aufs neue seine Rolle als Vermittler zwischen den Überlieferungen der mediterranen Antike und der Ästhetik des werdenden Europa spielte.

Im Jahr 1000 erwog Otto III., seinen Thron in die ewige Stadt auf den Aventin zu verlegen, als wollte er damit bekunden, daß die Erneuerung des Römischen Imperiums an ihr Ziel gelangt sei. Als symbolische Geste hatte das keine Folge. Aber es bezeugt die Macht des Trugbildes, dieses obsessiven Traums: das Rom der Caesaren wiederzuerrichten. Tatsächlich befand sich Rom damals in einer Randlage. Die lebendigen Kräfte waren anderswo, im Nordwesten Europas, in den Provinzen Frankreichs, welche die letzten Invasionen verwüstet und gleichzeitig befruchtet hatten.

Hier sieht man in der Tat die deutlichsten Anzeichen der Kräftigung eines materiellen Wachstums, das sich zu Beginn des zweiten Jahrtausends ausdehnt, um im 12. Jahrhundert seine volle Intensität zu erreichen. An der Quelle dieses Wachstums (das umgekehrt die katastrophalen Rückschläge, Hungersnöte und Epidemien bezeugen, von denen die Chroniken berichten) steht ein Bevölkerungswachstum, dessen treibende Kraft zweifellos in der allgemeinen Festigung des Familienverbands wie der Kirchengemeinde liegt. Die wiedergewonnene Ruhe begünstigte eine Ordnung, die nach und nach politische Strukturen herstellte, die für eine fast gänzlich ländlich gewordene Gesellschaft besser geeignet waren. In den fünfzig oder sechzig Jahren um das Jahr 1000 herum scheint man eine Art Gesellschaftsvertrag geschlossen zu haben, mit Hilfe des beschworenen Glaubens und vor allem der Schwüre in großen Friedensversammlungen, zu denen die ganze Bevölkerung, Provinz nach Provinz, auf die Aufforderung der Fürsten und Bischöfe kam, um vor den Reliquienschreinen zu schwören, die Regeln einer vereinbarten Disziplin zu achten. Zwei Bilder dienten als Vorbild für eine bürgerliche Moral, die sich recht und schlecht festigte: das Bild des Hauses, das die Brüder unter der Autorität eines Vaters vereinigt, und das einer Hierarchie, welche die Hausväter zu einer größeren Familie, dem Haus ihres gemeinsamen Herrn, zusammenfaßt, mit den Herren im Haus des Königs oder des Fürsten über sich, gipfelnd schließlich jenseits der durchlässigen Grenze zwischen der sichtbaren und der unsichtbaren Welt in Gott dem Vater, der im Himmel inmitten seines eigenen, aus Engeln und Heiligen gebildeten Haushalts thront. Als um das Jahr 1030 die Kirchenfürsten im Norden Frankreichs verkündeten, daß die Menschen sich nach göttlichem Plan in drei Kategorien teilen – die, die beten, die, die kämpfen, und die, die arbeiten – und daß die Eintracht in einem Austausch der Dienste bestehe, wobei die Arbeiter durch ihre Mühe die Krieger, die sie verteidigen, und die Männer der Kirche, die sie zum Heil führen, ernähren, beschrieben sie tatsächlich einleuchtend die Verteilung der Gewalten, wie sie sich zu jener Zelt darstellt: das auf das Lehenswesen begründete politische System. Sie zeigen aber dem Historiker auch, wo sich damals die Triebkräfte der künstlerischen Schöpfung und die Gründe für ihr Aufblühen befanden. Sie erklären, warum die Christenheit, wie ein Chronist es ausdrückt, sich nach den Prüfungen des Jahres 1000 und wie für eine neue Taufe mit einem weißen Gewand neuer Kirchen bekleidet. Durch die Gewohnheit lehensrechtlicher Übertragungen steigerte sich der Zuwachs an Reichtum, den die immer zahlreicheren Bauern erzeugten, die auch Böden wieder unter den Pflug nahmen, die man im frühen Mittelalter hatte brachliegen lassen, und Weizenfelder vergrößerten, die zugleich durch bessere Bearbeitung mehr erbrachten – ein Reichtum, dessen Überfülle in die Hände der Krieger und der Priester gelangte. Die letzteren erfüllten die Funktion, die als die nützlichste galt. Also erhielten sie auch den größten Anteil, um ihn in Form von Kunstwerken dem Allmächtigen darzubringen, mit dem Ziel, dessen Wohlwollen zu erlangen. Und wie im 11. Jahrhundert innerhalb der geistlichen Körperschaft die Gunst der Gläubigen die Mönche bevorzugte, die man für geeigneter hielt, die Gunst des Himmels zu erwirken, so zeigt auch die von den Intellektuellen ausgearbeitete Theorie der vollkommenen Gesellschaft, warum die Klöster Europas im 11. Jahrhundert dann auch die großen Nutznießer des ökonomischen Aufschwungs und folglich die aktivsten Brennpunkte künstlerischer Schöpfung wurden.

Die feudale Macht, das Recht jedes Lehensherrn, von seinen Arbeitern einen Teil dessen, was sie der Erde abgewannen, zu erzwingen, war in der Tat ein Stück der königlichen Macht. Seit dem Ende des 9. Jahrhunderts und zunächst im Nordwesten Europas und dann in ganz Europa war die Königsmacht zunehmend zerstückelt worden. Die Fürsten, Herzöge, Grafen und schließlich, als die Auflösung weiter fortschritt, die Burgherren teilten sie unter sich auf. Diese Männer waren nicht gesalbt wie die Könige. Sie fühlten sich indessen von Gott dazu ausersehen, mit ihrem Schwert die Priester, die Kaufleute und die Bauern zu beschützen. Da sie die Funktion der Könige erfüllten, glaubten sie auch, die gleichen Pflichten zu haben, an erster Stelle die, einen Hof zu halten, ihre Vasallen dort königlich zu bewirten, Wohltaten unter ihnen zu verteilen und sich prachtliebend zu zeigen, indem sie ihre Schätze und die reichgeschmückten Frauen ihrer Verwandtschaft vorführten. Die Notwendigkeiten dieser Prachtentfaltung und Freigebigkeit zwangen jeden Herrn, ob groß oder klein, die Herstellung schöner Gegenstände zu fördern. Nach dem Beispiel des königlichen oder kaiserlichen Haushalts war jedes Herrenhaus eine Werkstatt, in der unter der Anleitung der Gattin des

Herrn die weibliche Dienerschaft spann, wob und stickte. In den reichsten dieser Wohnsitze arbeiteten auch Goldschmiede, Maler und vielleicht sogar Bildhauer, wenn man folgert, daß die in den höfischen Romanen beschriebenen »Bilderkammern« auch Statuenkammern waren. Die erste Wirkung der feudalen Zerstückelung bestand darin, daß die Zentren der Hofkunst weit gestreut wurden. Gleichzeitig verminderte sich natürlich ihr Glanz, denn die Herrscher, die davon träumten, es Karl dem Großen gleichzutun, verfügten über viel geringere Mittel. Aus diesem Grunde ist uns sehr wenig geblieben von der höfischen Kunst, die sich doch parallel zur höfischen Poesie und mit ebensoviel Lebendigkeit entwickelte; ihre Materialien waren zu vergänglich. Die Textilarbeiten haben dem Verschleiß nicht standgehalten, und seit sich unter dem Einfluß des Christentums die Gewohnheit verlor, die Großen mit ihrem Schmuck zu begraben, wurden die Edelmetalle immer wieder neu bearbeitet, wenn nicht gar eingeschmolzen, sobald der Herr neue Münzen schlagen mußte. Allerdings gibt es seltene Spuren dieser weltlichen Kunst wie den »Teppich« von Bayeux, der in England am Ende des 11. Jahrhunderts für einen Grafen und Bischof hergestellt wurde und der im Schatz einer Kathedrale der Zerstörung entging; aber schon diese wenigen Spuren zeugen von der Virtuosität, der Schärfe des Blicks der Künstler, welche damals die größeren Feudalherren beschäftigten.

Diese Herren waren, wie die Könige, an erster Stelle Krieger, *bellatores*. Ihre wichtigste Funktion war es, zu kämpfen. Die wachsenden Gewinne der Lehensherrschaft dienten also zunächst dazu, die Befestigung der Burgen zu verstärken und unablässig die Ausrüstung des Herrn und seiner Waffengefährten zu vervollkommnen. Der in der feudalen Gesellschaft den Militärausgaben zugestandene Primat wirkte in zweierlei Art auf die Entwicklung der Kunst Europas. Einerseits negativ, indem man in Schlachten die Mittel verschleuderte, von denen die künstlerische Schöpfung sich hätte nähren können. Andererseits positiv, denn die Ritter wurden unbesiegbar: Europa, das einen Augenblick lang eine Beute für Angreifer gewesen war, wird wiederum zum Plünderer. Es dehnt seinen Einfluß nach allen Seiten aus. Während die deutschen Fürsten ihre Herrschaft nach Osten erweitern, stürzen sich die Krieger Kataloniens und Aquitaniens, die aus Burgund und aus Flandern, und an erster Stelle die aus der Normandie, die von skandinavischen Seeräubern abstammen, im Süden in das Abenteuer. Wie ihre fernen Ahnen im 5. Jahrhundert wurden sie in die Mittelmeerländer durch den Glanz gezogen, den sie von deren Kultur wahrnahmen, und durch die Reichtümer, die sie dort vermuteten. Während der zweiten Hälfte des 11. Jahrhunderts entrissen sie Süditalien den Griechen, Sizilien und einen großen Teil Spaniens den Moslems. Zur gleichen Zeit wurden die Seeleute aus Pisa und Genua die Herren des Tyrrhenischen Meeres; es gelang ihnen sogar kurzzeitig, in Nordafrika Fuß zu fassen. Die Venezianer beherrschten die Adria und erlangten von den byzantinischen Kaisern das Recht, in Konstantinopel eine große Kaufmannskolonie zu errichten. Der mächtige Schwung, mit dem die ganze europäische Ritterschaft dem Aufruf des Papstes folgte und nach Jerusalem zog, um die

Szenen aus dem Wandteppich von Bayeux, um 1095:
Die Truppen Wilhelm des Eroberers gelangen zum Mont Saint-Michel.

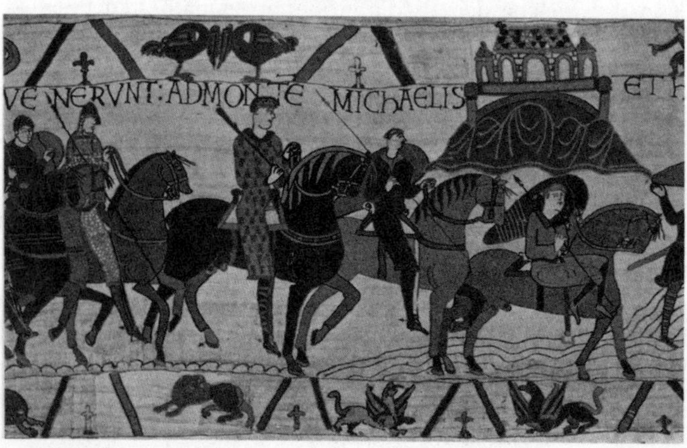

Christen im Orient zu unterstützen und das Heilige Grab zu befreien, ist die unmittelbare Erweiterung dieses gewaltigen Ausbruchs einer kinderreichen und bis an die Zähne bewaffneten lateinischen Christenheit.

Die militärischen Erfolge trugen dazu bei, den gesamten Verkehr zu beleben und Europa zusammenzubringen. Zwischen dem Handelsnetz, das die skandinavische Expansion an den Küsten der Nordsee, im Rheinland und an der Ostsee geknüpft hatte, und dem Mittelmeerraum, der sich den italienischen Kaufleuten öffnete, bahnten sich Beziehungen an. Sie kamen längs der Achse zustande, die seit langem Rom mit den Britischen Inseln verband, und in Flandern, in Saint-Denis bei Paris und später in der Champagne stieg die Aktivität der Märkte, die zu festen Terminen über die ganze schöne Jahreszeit verteilt waren und wo man die Erzeugnisse des Südens gegen die des Nordens tauschte und die Instrumente der kaufmännischen Praxis vervollkommnete. Die Plünderungen auf moslemischem Boden und die Ausbeutung der Silberminen in Deutschland lieferten das Material, um mehr Münzen zu

Die Engländer widerstehen den Angriffen
der normannischen Kavallerie.

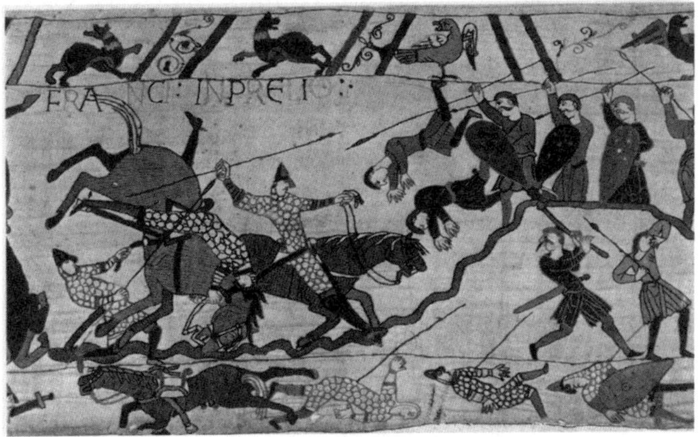

prägen. Das Geld zirkulierte schneller. Die Städte erwachten aus ihrer Erstarrung, bevölkerten sich und wurden reich. Die Könige, Herzöge und manche Grafen, unter deren Gewalt die großen Straßen und die wichtigsten Kreuzungen standen, konnten ihren Anteil aus dem Gewinn der Kaufleute schöpfen, die sie beschützten. Sie benutzten das Geld, um die ländlichen Lehnsherren zu zähmen und um nach und nach auf der feudalen Zerstückelung wieder einen Staat zu errichten. Diese Fürsten wollten schließlich ihre neue Macht auch zur Schau stellen. So halfen sie, die großen Kirchen zu erbauen und auszuschmücken, in die sie inmitten der Prälaten und Mönche zum feierlichen Gebet einzogen.

Siegreiche Kriege belebten auch auf andere Weise die künstlerische Schöpfung im Europa des 11. Jahrhunderts. Die Bandenhäuptlinge, die sich in der Campagna, auf Sizilien und im wiedereroberten Spanien niederließen, und ihre Vettern, die sie in diesen Landschaften auf die Bischofsthrone setzten, nahmen die Sitten der Einheimischen an. Sie richteten sich in den Burgen der besiegten Fürsten ein, und die Werkstätten, welche diese unterhalten hatten, arbeiteten jetzt für sie. Ihre Gäste, die auf der Durchreise bei ihnen Station gemacht hatten, kehrten geblendet nach Hause zurück, entschlossen, nun in einem ähnlichen Luxus zu leben. Sie brachten einige Dinge mit, von arabischen oder byzantinischen Künstlern gearbeitet, die sie als Geschenk erhalten hatten oder in den unterworfenen Städten hatten mitgehen lassen. Sie verlangten von den reisenden Kaufleuten, ihnen ähnlich schöne Dinge zu verschaffen. Diese Schmuckkästen, diese Gewebe dienten als Vorbild. Durch sie verbreiteten sich im Westen weniger grobe Techniken und neue ikonographische Themen.

Die Feudalherren liebten den Krieg. Um ihn mit größerem Vergnügen und Gewinn zu führen, opferten sie ihm leichten Herzens die Reichtümer, die sie aus dem landwirtschaftlichen Aufschwung und der Erneuerung des Handels gewonnen hatten. Allerdings dachten sie auch an ihr Seelenheil und an das des Volkes, das ihnen anvertraut war. Keiner vernachlässigte

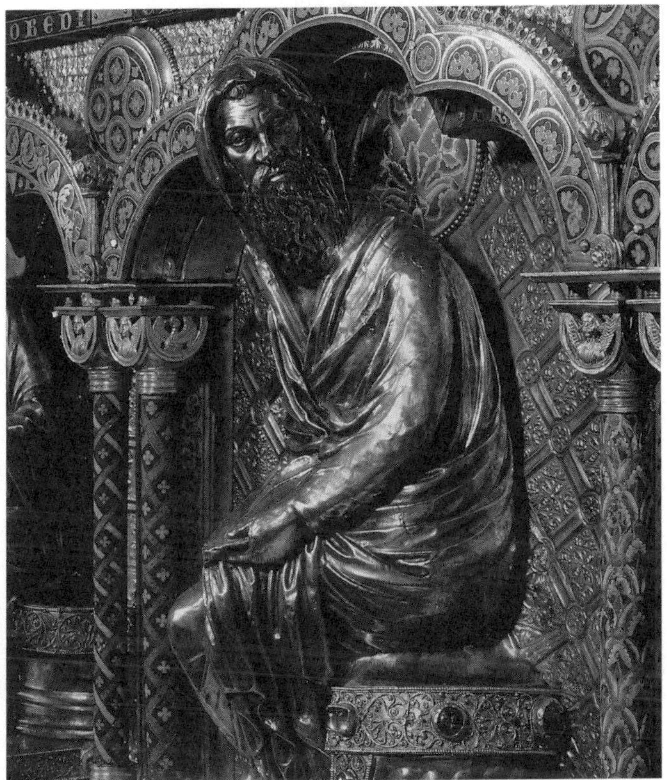

Prophet. Detail aus dem Reliquienschrein der Heiligen Drei Könige. Kölner Dom, um 1180/1230.

die Verehrung Gottes und vor allem die der ebenfalls unsichtbaren, aber näheren Mächtigen, der heilenden und vermittelnden Schutzheiligen. Ob sehr alt oder ganz neu – diese Heiligen waren gegenwärtig durch das, was von ihrem Leib auf Erden blieb, diese höchst kostbaren wundertätigen Reste.

So gab es Wunder überall, weil es Reliquien im Überfluß gab. Sobald das Jahr 1000 vorüber war, betrachtete der Mönch Raoul ihre Vervielfachung schon als bedeutende Gunst des

Himmels, nachdem der göttliche Zorn sich besänftigt hatte. Und sie waren in der Tat höchst notwendig: Wo auch immer eine Gefahr oder ein Unglück auftauchte, führte man sie in feierlicher Prozession mit; und man legte sie jedem unter die Hand, der einen Schwur leisten sollte. Man zerlegte die Knochen in Stückchen. Ob falsch oder echt, die Reliquien waren der Gegenstand sehr lebhafter Transaktionen. Es gab so gut wie keine Reichen, die nicht Reliquien im Haus hatten oder auf dem Leib trugen. Die erste Geste der Frömmigkeit bestand darin, diese Bruchstücke des Heiligen zu verehren, sie zu pflegen und kostbar zu schmücken. Um die angesehensten Reliquien sammelte sich im 11. Jahrhundert die bedeutendste künstlerische Schöpfung. Zu ihnen flossen die frommen Stiftungen, es kamen die Fürsten selbst und ihr Gefolge von Rittern. Für diese Männer, die ihr Leben im Sattel verbrachten und stets Abenteuer suchten, gab es in der Tat keine vergnüglichere Übung der Frömmigkeit als Pilgerfahrten. Und die waren um so wirksamer für das Seelenheil, je weiter und je gefährlicher sie waren. Damit unterschieden sie sich kaum mehr von Kriegszügen: die Krieger, die die Ungläubigen in Spanien oder im Heiligen Land bekämpften, hatten sich an erster Stelle in der Absicht auf den Weg gemacht, das Grab des heiligen Jakob in Compostela oder das Grab Christi zu besuchen. Sie zogen in Scharen los und besuchten ein für seine Reliquien berühmtes Heiligtum nach dem anderen. Die Geistlichen, die sie begleiteten, brachten von der Reise die Erinnerung an Bauwerke und Zierformen mit, die sie gesehen hatten, und den Wunsch, die Formen, die sie beeindruckt hatten, nachzubilden. Durch die Gunst, derer sich die Wallfahrten erfreuten, erklärten sich die zunehmende Gleichartigkeit der europäischen Hochkultur und die verwandten Züge der von einem Ende der Christenheit bis zum anderen verstreuten Kunstwerke.

Die Toten, die Heiligen und Gott erwarteten vor allem, auf dieser Erde Gegenstand einer ständigen Verehrung zu sein, sie erwarteten, daß man singe, Weihrauch für sie entzünde und Lichter oder Lampen für sie unterhalte. Die militärischen Machthaber hielten es folgerichtig für unabdingbar, daß man ihnen zu Ehren prächtigere Gottesdienstordnungen entwickele als diejenigen, womit sich die größten Fürsten umgaben, und die Gesellschaft delegierte an sie, die in der Nähe der Kultorte saßen, zahlreiche aufmerksame Diener, Priester und noch lieber Mönche. Denn damit die Opfergabe, die das liturgische Amt darstellte, günstig aufgenommen würde, sollten die Offizianten rein sein. Reiner als alle anderen waren die Benediktinermönche, die ihre Familien noch als Kinder ins Kloster brachten und die deshalb jungfräulich blieben, ein Zustand, der sie, wie sie verkündeten, auf die höchste Stufe irdischer Vollkommenheiten stellt. Man hielt sie, die in unmittelbarer Verbindung mit den Engeln standen, für fähiger als alle anderen, im Einklang mit den himmlischen Chören den Lobgesang zum Allmächtigen zu erheben und sein Wohlwollen zu erlangen.

Die Kriegsherren erkannten also ihre Verpflichtung, für die Bedürfnisse dieser Klostergemeinschaften zu sorgen, darüber zu wachen, daß sie rein blieben, diejenigen zu reformieren, in denen die Regel nicht mehr angemessen befolgt wurde, und ihnen insgesamt zu helfen, ihre unerläßliche Aufgabe mit immer größerem Glanz zu erfüllen. Sie beschafften Reliquien für sie. Sie verlangten, in diesen Häusern des Gebets beerdigt zu werden, um an den Gnaden, die ihnen zuflossen, teilzuhaben. Bei ihrem Tod oder wenn sie zu einer gefährlichen Wallfahrt aufbrachen, deponierten sie dort ihre kostbarsten Besitztümer. Im 11. Jahrhundert, als das Christentum die Beziehung der Menschen zum Himmel noch unter der Form der Gabe und Gegengabe begriff, gelangte so schließlich der größere Teil des Luxus dieser Erde in die Klöster, als Vorzimmer des Paradieses. Denn der größere Teil der irdischen Macht gehörte in der Tat den Männern, die dort als unverzichtbare Vermittler zwischen dem Volk und den Kräften des Guten lebten. Die Mönche an der Spitze blühender, gut verwalteter und sich unablässig ausdehnender Liegenschaften wurden von den Pilgern überhäuft mit Almosen, und alle, arm oder reich, wünschten, daß man besonders für sie die Gunst der Heiligen anrufe. So geriet die Hauptmasse der Früchte des Wachstums in die Hände der

Mönche, die den größten Teil davon dem Ruhm Gottes opferten und die die Stätten der liturgischen Feier immer prachtvoller ausgestalteten.

In feudalen Zeiten ließ die Aufteilung der königlichen Macht die Klöster sich vervielfachen. Sobald er die Mittel dafür hatte, gründete jeder Lehensherr für seine geistlichen Bedürfnisse und die seiner Untertanen ein Kloster. Das war die natürliche Ergänzung der Burgen, gleichsam eine andere Festung, solider und kostbarer gebaut, denn sie schien noch nützlicher zu sein. Einige dieser Anlagen waren von Nonnen bewohnt; die Töchter des Hauses wurden dort erzogen, und die Witwen zogen sich dahin zurück. Die meisten aber wurden von Männern bewohnt, deren Gebete als sehr viel wirkungsvoller galten, um im Jenseits den Seelen in ihrer Pein zu helfen. Hier ruhten die Ahnen des Gründers und die seiner Vasallen, die im Jenseits so versammelt waren wie ihre lebenden Abkömmlinge an den prachtvollen Höfen. Klöster gab es, wie Lehensherrschaften, in allen Größen, einige waren ungeheuer reich und andere bedürftig. Jedes von ihnen bewahrte eifersüchtig die Erinnerung an seine eigene Geschichte und hielt darauf, sich durch einige besondere Gebräuche von anderen zu unterscheiden. Uneinigkeit über Rechte und Vorrang brachte oft Unfrieden mit benachbarten Klöstern. Dennoch bildeten die Klöster eine gewaltige, von einem Ende Europas bis zum anderen verbreitete Bruderschaft, und es wäre nicht zu begreifen, wie die Techniken des Bauens, der Skulptur und Malerei sich über die ganze Christenheit so leicht und rasch hätten verbreiten können, wenn man nicht die Gesamtheit dieses sehr dichten Netzes und die bevorzugten Bündnisse, die sich darin knüpften, in Betracht zöge. Natürlich vereinten enge Bande die Häuser, die an einer Pilgerstraße lagen. Andere, noch engere, diejenigen, deren Abweichungen von der Ordensregel einst von demselben Ordensreformator berichtigt wurden. Anderswo war es die Beziehung zwischen einem Mutterkloster und den Abteien, in die ihre Mönche ausgeschickt worden waren. So bildeten sich Kongregationen. In ihnen konzentrierten sich die Mittel künstlerischer Produktion, so wie sie einst in den Händen der Könige gelegen hatten. Dieser gewaltige Apparat setzte den künstlerischen Aufschwung des 11. Jahrhunderts in Gang.

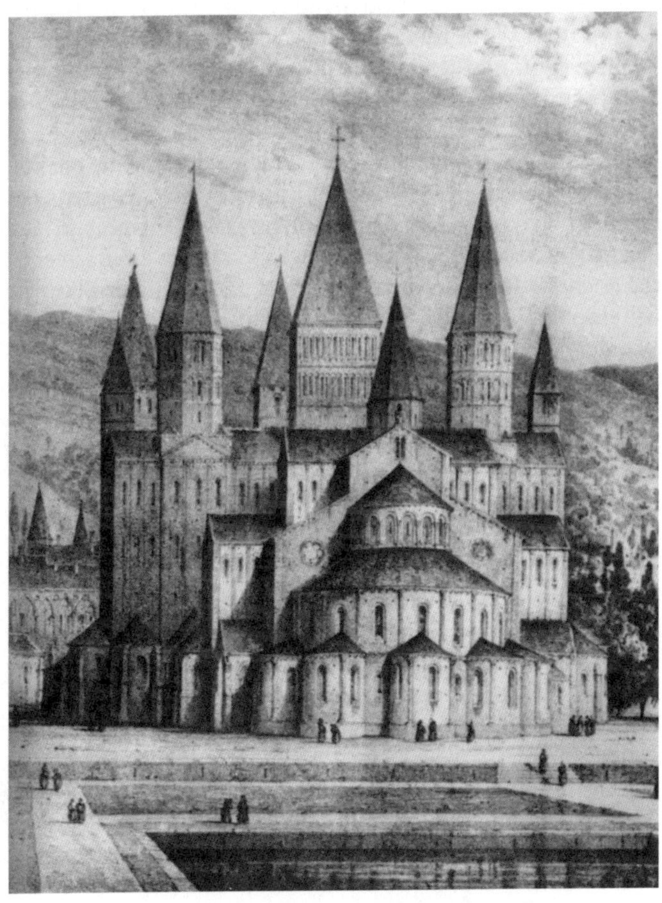

Die Abteikirche von Cluny war im 11. Jahrhundert die größte Kirche Europas. Im 19. Jahrhundert wurde sie zerstört und als Steinbruch benutzt. Hier nach einer Lithographie um 1798 von Emile Sagot.

Die Hauptrolle gebührt dabei dem kräftigsten, dem Orden von Cluny. Vielfältige Gründe bestimmten diesen Orden dazu, an die Spitze der Erneuerungsbewegung zu treten, welche die karolingische und die ottonische Renaissance fortsetzen sollte, indem sie kühn auf die ästhetischen Prinzipien der klassischen Antike zurückgriff. Zunächst die Tatsache, daß die zu dieser Kongregation gehörenden Klöster sich in der Mehrzahl in der südlichen Hälfte Europas befanden, in Provinzen, wo das Römische Reich die deutlichsten Spuren seiner langen Anwesenheit zurückgelassen hatte und wo in den Städten – die nie völlig zugrunde gegangen waren und die sich nun zuerst wieder belebten, gefördert von der Erneuerung des Verkehrs in den dem Islam wieder abgewonnenen Provinzen – die Bauwerke, die noch das Imperium errichtet hatte, überzeugende Beispiele für eine repräsentative Architektur und Dekoration lieferten. Wo der Adel noch stolz darauf war, von römischen Senatsfamilien abzustammen, und wo schließlich die ländliche Bevölkerung nie aufgehört hatte, heimlich die Bildnisse schützender Götter zu verehren. Cluny war übrigens seit seiner Gründung quasi körperlich mit der Kirche von Rom verbunden. Es unterhielt außerdem enge Beziehungen zu den deutschen Kaisern: Heinrich II. hatte nach seiner Krönung in diesem Kloster die Embleme seiner Macht aufbewahren lassen. Derartige Beziehungen erweckten in den Äbten des großen Klosters Träume, nun ihrerseits die Leitung eines neubelebten *imperium*, unter einer mystischen Form diesmal, im Hinblick auf die nahe Rückkehr Christi in der Glorie, auf sich zu nehmen. In Cluny war schließlich die Regel des heiligen Benedikt dergestalt verändert worden, daß man die gesamte Tätigkeit der Mönche auf das liturgische Amt konzentrierte. Diese verbrachten den größten Teil ihrer Zeit damit, mit *einer* Stimme zu singen. Es erschien ihnen angemessen, daß das Gebäude, in dem sie sich zum Gesang versammelten und wo sie die Figuren dieser Art langsamen Tanzes vollzogen, den ihre prozessionsartigen Bewegungen darstellten, ein Vorgefühl des Erscheinens Christi gab und hier im Irdischen den Widerschein vom Glanz des himmlischen Jerusalem bildete. Dafür sparten sie an nichts und häuften im Heiligtum Edelmetalle und Leuchter an und alles, was das Innere der Gebetsstätte schimmernd erhellen konnte. Nirgendwo im Europa des 11. Jahrhunderts wurde die Absicht so deutlich, die als Opfergabe an den Ewigen festlich begangenen Zeremonien prachtvoll zu gestalten.

Da sich die Mönche von Cluny mit Rom und dem Imperium verbunden fühlten, nahmen sie die Vorbilder für diese Pracht aus dem, was noch vor ihren Augen von antiker Kunst übriggeblieben war. Um die Abteikirche neu zu erbauen, ließ der Abt Odilo römische Säulen mit großer Mühe aus der Provence bis nach Burgund schleppen. Und als sein Nachfolger Hugo beschloß, diese ganz neue Basilika abzureißen, um eine noch größere zu errichten, die in der Lage wäre, die Prozessionen der jetzt vier- oder fünfhundert in der Mutterabtei lebenden Mönche aufzunehmen, schickte er den Mönch, den er als einen Kenner des Gesangs und der Zahlenharmonien damit beauftragt hatte, die Proportionen des gewaltigen Gebäudes zu berechnen, nach Rom, um dort aufmerksam die antiken Bauwerke zu studieren, ehe er die innere Architektur plane und die Fensteröffnungen verteile. Auch hielt man in dieser Zeit nicht mehr mit der Bewunderung der skulptierten Ornamente an den Fassaden dieser Bauwerke zurück. Und die Äbte der *ecclesia cluniacensis* (und der Abteien, die an diesem Aufschwung beteiligt waren) schraken in den letzten Jahrzehnten des 11. Jahrhunderts auch nicht mehr davor zurück, am Eingang ihrer neuen Kirchen große figürliche Skulpturen in Stein errichten zu lassen.

Das bedeutete, geistig über einen langen und starken Widerstand zu triumphieren. Noch sechzig Jahre früher hatte ein Mann von hoher Kultur, der aus dem Norden Galliens kam, Bernhard, Magister der Kathedralschule in Angers, sich empört, als er, in Aurillac angekommen, sich vor der Statue eines Heiligen befand und die Bauern sich vor diesem Trugbild niederwerfen sah, um mit den Blicken mit einer unsichtbaren Person, der ein geschickter Bildhauer ein Antlitz gegeben hatte, Zwiesprache zu halten. Für ihn war das der Beweis von unausrottbarem Aberglauben, die Fortsetzung, sagte er, des Kultes

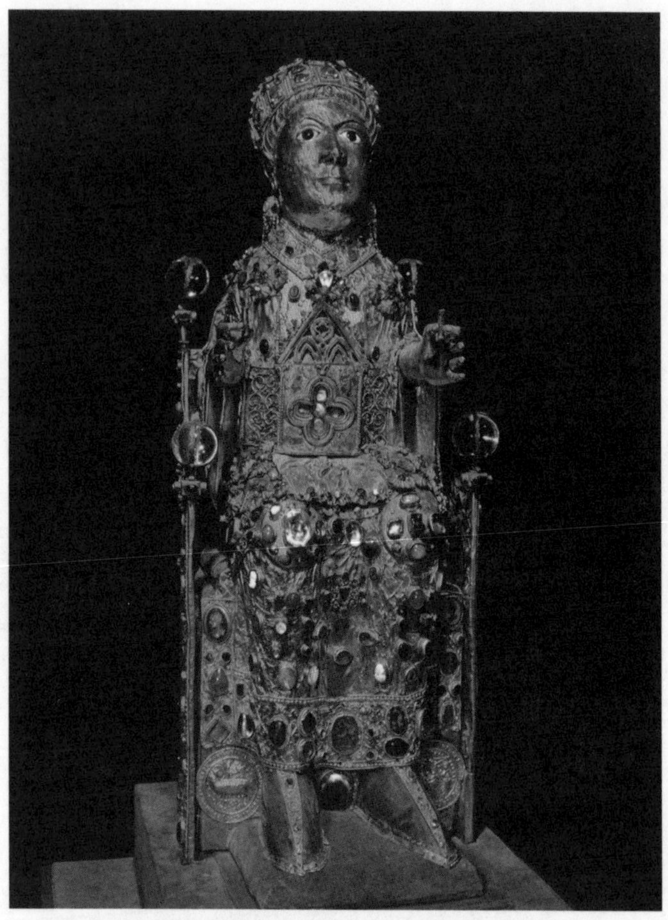

Reliquienstatue der hl. Fides in Conques,
wohl aus einem heidnischen Götterbild umgearbeitet, ca. 983–1013.

der alten Götter. »Dort, wo man dem einzigen, allmächtigen und wahren Gott die richtige Verehrung darbringt«, so schreibt er, »ist es schlecht und unsinnig, Standbilder aus Gips, Holz oder Metall zu verfertigen, außer wo es sich um den Herrn am

Kreuz (Jesus, den Fleisch gewordenen, mithin darstellbaren Gott) handelt. Solch ein Bildnis stelle man mit Frömmigkeit her, um die Erinnerung an das Leiden des Herrn zu bewahren, sei es mit dem Meißel oder mit dem Pinsel, die heilige katholische Kirche erlaubt es. Aber die Erinnerung an die Heiligen dürfen die menschlichen Augen nur in den wahrhaften Berichten oder in den mit dunklen Farben auf die Wände gemalten Gestalten betrachten.« Die Malerei zur Not, aber diskret. Keinesfalls das Relief.

Um die Wahrheit zu sagen, einige Tage später erkannte Bernhard in Conques vor der Reliquiarstatue der heiligen Fides (Sainte Foy), einem faszinierenden Andachtsbild, die Vergeblichkeit seiner Ablehnung. Die Kirche fühlte sich in der Tat dem Heidentum gegenüber immer sicherer, und viele gewöhnten sich mit dem Magister aus Angers daran, die plastischen Bildnisse nicht mehr zu fürchten. Bald fanden diese sich schon auf den Außenmauern der Basiliken, an der Schwelle, dem Ort, wo man die fleischliche Welt verließ, um sich, wenn man dessen würdig war, in die andere, halb himmlische Welt, den Raum der liturgischen Feiern zu begeben. An dieser Stelle des Übergangs wurde so etwas wie eine Nachbildung der Triumphbögen gebaut, mit denen sich einst die römischen Städte geschmückt hatten. Die Mönche brachten dort, in Stein gehauen, ein großes Zeichen an, das Zeichen eines Übergangs. Sie beauftragten die Bildhauer, so wie es die Maler seit langem auf den Blättern der heiligen Schriften getan hatten, wenn sie den Text der Evangelien und den der Offenbarung Johannis illustrierten, die Szene der Himmelfahrt Christi darzustellen oder die seiner Rückkehr zur Erde, um die Lebendigen und die Toten zu richten. Bei den Kirchen, in die die Pilger eintraten, um die Reliquien zu verehren, befanden sich diese Skulpturen im Freien, unmittelbar vor den Augen des Volkes. Bei den weniger offenen Basiliken erschienen sie im Inneren als eine Art von Schleusenkammer, die der Narthex darstellt. Innerhalb kaum eines halben Jahrhunderts eroberte die große öffentliche Sakralskulptur das südliche Gallien und wurde schließlich auch nördlich der Loire akzeptiert.

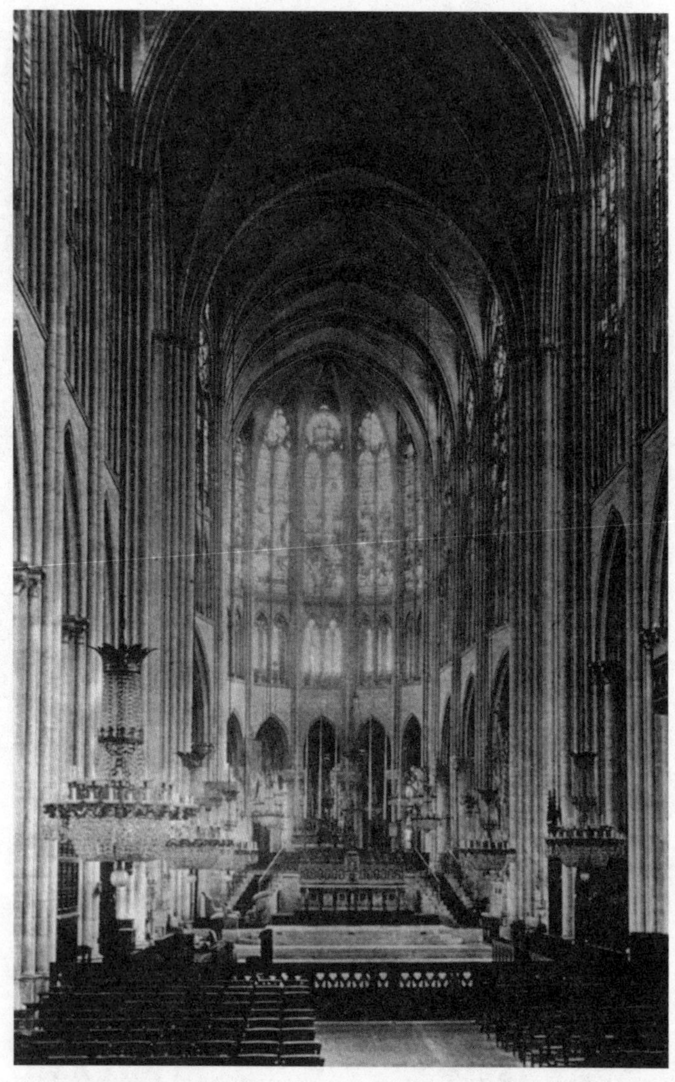

Blick in den Innenraum von Saint-Denis, begonnen 1231:
Der Abt Suger »erfand« die Gotik, indem er die Lichtmetaphysik
mit der Bautechnik vereinte, den Kirchenraum hoch und licht machte.

Um das Jahr 1130 beschloß Suger, der Abt des Klosters Saint-Denis, das der Frankenkönig Dagobert gegründet und Kaiser Karl der Kahle reich ausgestattet hatte und für das die Kapetingerkönige sorgten, eine monumentale Vorhalle am Eingang der alten Basilika zu errichten. Wie die Mönche von Cluny war Suger überzeugt, daß aller Luxus der Welt die Pracht der Liturgien steigern müsse. Und er war zugleich ein treuer Diener der Monarchie. Er wollte sie und ebenso Gott ehren und wurde so zum Erfinder einer neuen königlichen Kunst. Aus karolingischen Quellen schöpfend, entwarf er den Plan, den Schmuck von Glasfluß und geschnittenen Edelsteinen, welche die Werke des kaiserlichen Schatzes schmückten, auf die Glasfenster der Apsis zu übertragen. Und während er daran arbeitete, die südlichen Provinzen des Königreichs durch Lehensbande fester an die Krone zu binden, erschien es ihm angemessen, die neuen Arten der bildlichen Darstellung an den Fassaden der Abteikirchen Burgunds und Aquitaniens auch in der Île-de-France einzuführen. So nahm er nach seiner Überzeugung das dekorative Programm auf, das ihn in jenen Landstrichen bezaubert hatte. Er erweiterte es. Er befahl, die Bildnisse der Ahnen Jesu in den Stein der Säulen zu meißeln, die das Portal umgeben, das Jüngste Gericht mit der Vision des Johannes, der die Apokalypse aufschreibt, in den Stein des Giebelfeldes und schließlich in die vergoldete Bronze der Türen die Szenen der Leidensgeschichte und der Himmelfahrt. Der Kommentar, den er selbst über dieses Bildensemble verfaßte, beschreibt vollkommen die Funktion, die zu dieser Zeit dem Kunstwerk von den kühnsten seiner Beförderer zugesprochen wurde. »Die edle Helligkeit des Werkes«, schreibt er, »ist dazu da, die Geister zu erleuchten und sie durch wahres Licht zu dem wahren Licht zu führen, dessen wahre Pforte Christus ist.« Denn, so fügt er hinzu, »was nur Materie ist, leitet den stumpfen Geist zur Wahrheit, und durch den Anblick dieses Lichts erweckt es ihn wieder aus seiner anfänglichen Erniedrigung«. Erleuchten, die Seele zu erheben, ihr zu helfen, Schritt für Schritt zum Licht aufzusteigen, zugleich durch die Qualität des Materials und durch die Vollkommenheit und die Bedeutung der Formen – so verstand er die Rolle des Bildes an der Schwelle des Gebäudes, das er »mit Hilfe geometrischer und arithmetischer Instrumente« zu errichten befohlen hatte, damit es sich durch seine Ausmaße und durch sein Volumen glücklicher den erhabenen Harmonien des Übernatürlichen anpasse. Und als er dann die Apsis neu erbaute, wollte er, daß das ganze Innere der Kirche vom Licht erfüllt sei, noch großzügiger und belebender, als es bei der Klosterkirche in Cluny der Fall war. Sugers Werk ist die Krönung der klösterlichen Erneuerungen des 11. Jahrhunderts. Aber ebenso überwindet es sie, stützt sich auf eine neue Theologie und beweist mit dem Bild und dem architektonischen Entwurf, daß Gott zugleich Licht ist und Fleisch geworden. Dieses Werk und die Worte, die sein Urheber benutzt, um sein Unternehmen zu rechtfertigen, bezeugen die entscheidenden Wandlungen, die sich im Nordwesten Europas zwischen 1110 und 1140 vollzogen hatten.

Der Schwung des materiellen Fortschritts wurde stärker. Es war die Zeit eines großen landwirtschaftlichen Erfolgs: nie hatte man in Westeuropa so viel Brot kneten und so üppige Weinlesen keltern sehen. Aber in dieser Zeit begannen auch die Städte, in die der Überfluß der bäuerlichen Produktion und die Gewinne aus dem Handel flossen, fast überall das Land zu überholen. In den alten Römerstädten, in den Vorstädten, die sich außerhalb ihrer Tore entwickelten, und in den neuen Siedlungen, die sich an den Knotenpunkten der Handelswege ausbreiteten, sammelte sich das Geld und das heißt die Macht. In einer Welt, in der jetzt beinahe alles mit Geld bezahlt wurde, war es das Mittel, um den Künstlern das zu liefern, womit sie bauen, bildhauern, schmieden, malen und ihre Helfer entlohnen konnten. Die Bedingungen der künstlerischen Arbeit wurden nach und nach wieder so, wie sie es in den besten Zeiten der Antike im Mittelmeerraum gewesen sind. Die Künstler zogen sich vom Land, wo die Klöster verstreut lagen, zurück. Ihre aktivsten Werkstätten wurden für immer in den Städten eingerichtet, deren führende Klasse sich daran gewöhnte, ihre Aufenthalte dort zu verlängern, wo sich die wichtigen Höfe

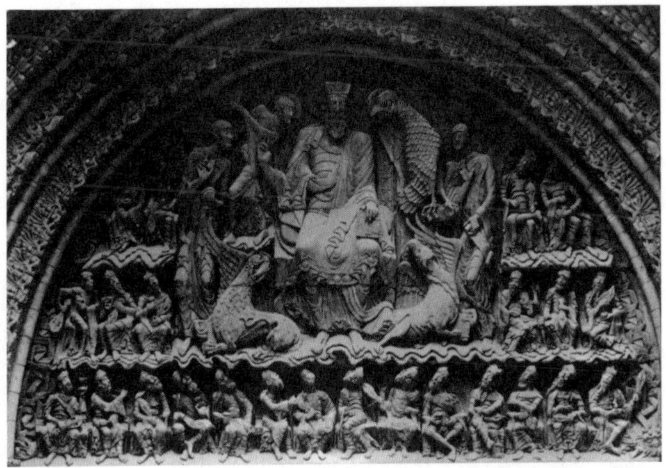

Tympanon von Moissac. In den Giebelfeldern über den Portalen der Kirchen von Moissac, Cluny (zerstört), Vézelay und Autun trat in der ersten Hälfte des 12. Jahrhunderts die monumentale Skulptur wieder auf.

befanden und wo sich die bedeutenden Organe des wiedererstehenden Staates ansiedelten, der wiederum Sorge trug, dort seine neue Macht zu demonstrieren.

Während sich die Vormachtstellung der Stadt stärkte, änderten sich unmerklich die Denkweisen und die Art, die Welt zu beobachten. Im städtischen Milieu, an den Begegnungsstätten, wo die Händler die fremden Waren stapelten, wohin Farbstoffe vom Ende der Welt kamen, die es erlaubten, die Farbenskala weiter zu öffnen und vor allem jenes Blau herzustellen, welches die Kirchenfenster verzauberte, auf dem Markt der Städte, wo sich das Auge beim Handel daran gewöhnte, schnell die Qualität eines Stoffes zu beurteilen, wo man miteinander redete, wo der Fremde keine Beute mehr war, die man nach Laune ausplündern konnte, sondern ein Gesprächspartner, verstärkten sich auch zwei Geisteshaltungen. Das war zunächst das Bedürfnis, klar zu sehen, zu verstehen, aus sich herauszugehen und sich mitzuteilen. Dieses Bedürfnis empfand Abaelard, der in Paris lehrte: Seine Schüler verkündeten, daß sie nicht glauben könnten, was sie nicht zuerst verstanden hätten, und er selbst war überzeugt, daß »wir uns in dem Maße Gott annähern, in dem er sich uns nähert und uns das Licht und die Liebe schenkt«. Das Licht: er teilte die Auffassungen Sugers. Die Liebe: er hatte sie selbst besungen. Vergessen wir es nicht, es geschah damals, im ersten Viertel des 12. Jahrhunderts, daß Westeuropa die Liebe »erfand«. Zugleich die mystische Liebe des heiligen Bernhard und die höfische Liebe der Troubadours. Die zweite Veränderung geschah in der geistigen Haltung: die Entdeckung, daß die sichtbare, fleischliche Welt nicht so übel ist und daß man, um Gott gefällig zu sein, sie nicht fliehen muß, wie es die Mönche taten. Mit einer völligen Umkehrung der herrschenden Auffassung nahmen die Menschen in den sich ausdehnenden Städten angesichts der Zeichen des wirtschaftlichen Aufschwungs wahr, daß die materiellen Dinge nicht unerbittlich dazu verdammt sind, mit der fortschreitenden Zeit zu verderben, sondern daß sie im Gegenteil ein kontinuierlicher Fortschritt bewegt. Zusammen damit stellte sich die Vorstellung ein, daß die Schöpfung nicht vollendet ist, daß sie Tag für Tag weitergeht und daß die Menschen vom Schöpfer dazu berufen sind, mit ihm zusammenzuarbeiten, ihm mit ihren Händen und mit ihrer Vernunft zu helfen, die Welt zu vervollkommnen. Folglich steht es ihnen an, die Gesetze der Natur, das heißt den Plan Gottes besser zu erkennen.

Zur gleichen Zeit wandelten sich die Beziehungen zum Göttlichen. Im letzten Drittel des 11. Jahrhunderts hatte das Papsttum die Reform der kirchlichen Institutionen in die Hand genommen. Indem sie endlich die Anliegen der Gläubigen ernst nahmen, die seit Jahrzehnten innerhalb von bisher als häretisch verurteilten Bewegungen Priester forderten, die nicht durch Geld und Unzucht befleckt waren, beschäftigten sich der Bischof von Rom und seine Legaten damit, nach der Ordenskirche auch die Weltkirche zu reinigen. Sie begannen beim Haupt, indem sie schlechte Bischöfe verjagten und sie durch bessere ersetzten, die fähig waren, sich vor dem Einfluß des Weltlichen zu hüten. Diese Reinigung ließ die Kirche zu einer Ordnung zurückkehren, wie sie unter Konstantin oder den Ottonen bestanden hatte. Der Stand der Bischöfe wurde deren Eckstein. Im Jahr 1119 ergriff Papst Calixt II., ein ehemaliger Erzbischof – dessen Vorgänger sämtlich Ordensgeistliche gewesen waren, die sich auf die Mönchskongregationen und besonders auf Cluny gestützt hatten –, auf einem Konzil entschieden die Partei der Bischöfe gegen Cluny. Diese Rückkehr zur ursprünglichen Organisation gehörte zum allgemeinen Fortschritt und stimmte naturgemäß mit der städtischen Renaissance überein. Es ist in der Tat die Stadt, wo der Bischof seinen Sitz hat; und der steigende Wohlstand, der erneut den Städten zufloß, verlieh dem Bischofsamt wieder seinen Glanz und zog gleichzeitig die Werkstätten, die zuvor an der Verschönerung der Klosterbasiliken gearbeitet hatten, zur Kathedrale, der Stadtkirche. So verlagerten sich auch die Werkstätten von Saint-Denis um 1150 nach Chartres.

Jedenfalls war der Wechsel selbst, die schwindende Bedeutung des Mönchtums im Verhältnis zur Amtskirche und alles, was sich in den künstlerischen Formen änderte, noch enger und tiefer mit dem Wandel verbunden, der sich im Bewußtsein der Menschen vollzog. An einigen Zeichen erkennt man, daß dieser Wandel schon vor dem Jahr 1100 begonnen hatte. Er setzt sich nach diesem Datum sehr rasch fort und wird von dem gewaltigen Wachstumsschub ergriffen, der sich damals der europäischen Zivilisation bemächtigte. Die Aufmerksamkeit der gebildeten Menschen wandte sich nicht vom Text des Alten Testaments oder der Apokalypse ab, aber sie richtete sich jetzt stärker auf den des Evangeliums, der Paulusbriefe und der Apostelgeschichte, und diese Neigung nahm noch zu, als die ersten Kreuzfahrer aus Palästina zurückkehrten, wo sie auf den Wegen Christi gewandelt waren. Genährt von dem Bericht des Evangeliums und von den Reiseerinnerungen an Jerusalem, geriet die Besinnung auf die Menschwerdung Christi von nun an ins gedankliche Zentrum der Kirchenleute. Das ließ die Stelle, die die Mutter Gottes in ihrer Vorstellung – und in der bildenden Kunst – einnahm, bedeutender werden. Auch gewöhnte man sich daran, die Gestalt Jesu aus dem Unwirklichen hervorzuziehen und auf seinem Antlitz die Züge irgendeines Menschen erscheinen zu lassen. Man identifizierte sich selbst mit seinen ersten Jüngern: Das apostolische Leben wurde für diejenigen zum Modell, die Gott am besten dienen wollten.

Den Bischöfen und den Domherren, die ihnen in der Kathedrale assistierten, wurde deutlicher bewußt, daß ihre erste Aufgabe darin bestand, das Wort Gottes zu verbreiten und nun, da sie ihre eigenen Sitten reformiert hatten, daran zu arbeiten, die der Laien zu verbessern und die gesamte christliche Gesellschaft zum Guten zu führen. Um zu lehren, mußten sie selbst lernen und diejenigen, die ihnen bei dieser Aufgabe helfen sollten, ausbilden, besser zu predigen und dafür auch die Wirklichkeit und die Abgründe des menschlichen Herzens genauer kennenzulernen. Die Anforderungen des Hirtenamts erweiterten auch die Funktion der Kathedralschulen. Sie alle entwickelten sich, aber da das Reisen leichter wurde, gingen die eifrigsten Kleriker in die Städte, in denen sich die besten Lehrer und Bücher in großer Zahl befanden. Auf diese Weise begannen sich die Studien an einigen privilegierten Orten zu konzentrieren, wo man die Lektüre und die Kommentierung lateinischer Klassiker, Ciceros, Lukans und Ovids, philosophischer Texte von Boethius und Porphyrios fortführen konnte, auch die Lektüre von aus dem Arabischen übersetzten Texten, die sich in den Bibliotheken des wiedereroberten Spaniens fanden und durch die sich ein Teil der griechischen Wissenschaft zu entschleiern begann. Die Schulübungen, die Arbeit an der Bedeutung der Wörter und der Fügung der Sätze und die Schulung in strenger Argumentation erweckten bei diesen Priestern das Verlangen nach Verstandesschärfe auch vor dem Schauspiel der Welt. Wenn sie Domherren oder Bischöfe geworden waren, oblag ihnen die Leitung der Bauhütte ihrer Kathedrale, und was sie gelernt hatten, diente ihnen dazu, die Entwürfe der neuen Gebäude logischer zu gestalten, und ebenso, den Anteil von Abstraktion und Irrationalität im bildnerischen Dekor zu reduzieren. Besonders bei den Figuren, die sie an den Fassaden anbringen ließen, für den Blick derer, die nicht lesen konnten, übersetzten sie gleichsam ihr Wissen ins Anschauliche. Sie beauftragten die Bildhauer und Maler damit, im Herzen der Stadt, an dem Punkt, wo alles Volk zusammenlief, darzustellen, wie man sich jetzt in den Schulen die Beziehungen zwischen dem Schöpfer und den Geschöpfen dachte, also das Bildnis eines Mensch gewordenen Gottes zu gestalten, der einem jeden von uns durch den Leib, den er angenommen hatte, ähnlich war, ihn also den Menschen nahe zu zeigen, nachahmbar, so wie er im Alltag mitten unter ihnen gelebt hatte.

Jesus hatte die, die ihn hörten, aufgerufen, sich nicht mehr mit dem Äußeren des Gesetzes zu begnügen, sondern sich selbst zu erlösen, indem sie ihr Handeln nach den einfachen Geboten, die er gegeben hatte, ausrichteten. Die neue Art des Predigtamtes führte nach und nach zu einer Verinnerlichung des Christentums. Die Gläubigen wurden ermahnt, ihre Sünden, wenn sie sich von ihnen befreien wollten, in der Beichte dem Priester zu bekennen, damit sie klarer in sich selbst blickten. Sie wurden ermahnt, sich Gott durch das Gebet und durch gute Werke zu nähern sowie die Sorge für ihre Seele nicht Vermittlern aufzuladen. Man lehrte sie, daß man die Erlösung weder durch die wundertätige Kraft einer Reliquie noch durch die Pracht der Liturgien erlange, sondern durch jene Liebe und Reue, für die Maria Magdalena das Beispiel gegeben hatte, durch individuelle Hingabe und Anstrengung. Das bedeutete, die Funktion, die die Mönche erfüllt hatten, in Frage zu stellen und dazu aufzufordern, die Almosen, von denen die Klöster so reichlich profitiert hatten, zu verringern. Die Kunst der Klöster wurde so eines großen Teils ihrer Mittel beraubt.

Das 12. Jahrhundert konnte aber noch nicht ohne Mönche auskommen. Zumindest wollte es sie aber weniger arrogant und so, daß sie ein Beispiel der Demut und der Verachtung des Reichtums gaben. Das Mönchtum wandelte sich. Es akzeptierte, sich der Aufsicht der Bischöfe zu unterwerfen. Indem es auch auf seine Ursprünge zurückging, korrigierte es die Entstellungen, welche die Ordensregeln erlitten hatten. Diese Rückkehr zu den Quellen wurde durch die Wiederanknüpfung der Bande zu Süditalien und dem östlichen Mittelmeerraum begünstigt, wo sich in den Gemeinschaften des griechischen Ritus die ursprünglichen Gebräuche bewahrt hatten.

Diese Gebräuche verlangten von den Mönchen, sich in die Einöde zurückzuziehen, um dort in völliger Enthaltsamkeit zu leben. Die neuen Kongregationen bildeten sich in der Einsamkeit und Stille, fern der Unruhe der Städte und der Landstraßen, und die Männer, die sich zu diesem Leben bekannten, verzichteten auf alles, besonders auf die Pracht, mit der die Mönche von Cluny ihre Liturgien geschmückt hatten. Verwirrt vom Eindringen des Geldes und dem Anstieg aller Begehrlichkeiten verehrte die neue Gesellschaft diese Anhänger des Einsiedlertums und der Entbehrung – das erklärt den Erfolg der Kartäuser und den aufsehenerregenden Erfolg des Zisterzienserordens. Zu Hunderten verteilten sich die Zisterzienserabteien in ganz Europa, alle im selben Geist nach ähnlichen Plänen und mit demselben Willen zur Redlichkeit errichtet. Diese Häuser bildeten in der Tat eine einzige Familie, die durch noch engere Bande verknüpft war als diejenigen, welche die Filiationen von Cluny zusammenhielten. Es waren solide Steinbauten, denn die Mönche, die dort in Gemeinschaft lebten, wollten den Vorschriften der benediktinischen

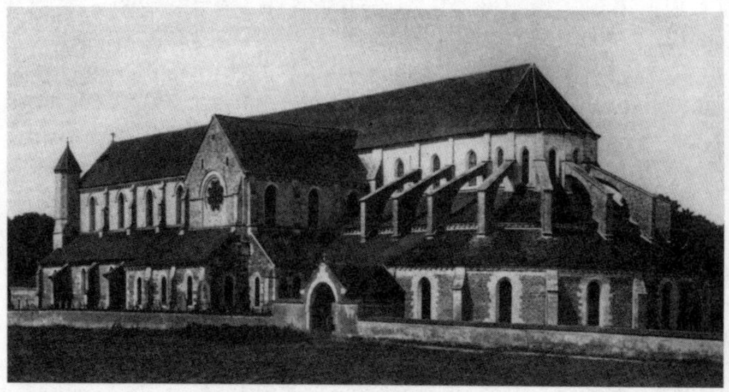

Pontigny, begonnen um 1145: Zisterzienserkirchen sind nüchtern und fast schmucklos, ohne Glockenturm.

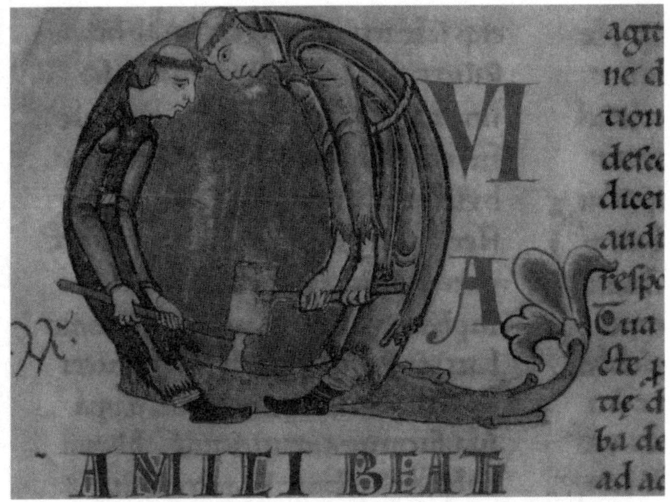

Zisterzienserhandschrift, Anfang 11. Jahrhundert:
im Zierbuchstaben Q arbeitende Mönche beim Holzfällen.

Ordensregel streng die Treue wahren. Aber ihr asketischer Vorsatz ließ diese Bauten ohne jedes überflüssige Ornament. Ihre Schönheit ergab sich allein aus dem edlen Rohmaterial unter dem regelmäßigen Wechsel des Lichts und aus dem vollkommenen Gleichgewicht der Raummaße. Die gleiche Sorge, in der Nachfolge der ersten Kirchenväter den Hochmut zu besiegen, sich aller Eitelkeiten zu entschlagen, der gemeinsame Wille, sich von den Illusionen der äußeren Erscheinung abzuwenden, um das Wort Gottes besser zu vernehmen, erforderte auch, die Bilder daraus zu verbannen. Die Zisterzienser hielten sie für nützlich zur Belehrung der Armen. Was sie selbst betraf, in ihrem steten Streben nach völliger Verschmelzung mit dem Heiligen Geist, so lehnten sie sie ab und erneuerten damit den von den Gläubigen der frühen Kirche und von den Ketzern des Jahres 1000 ausgesprochenen Bann.

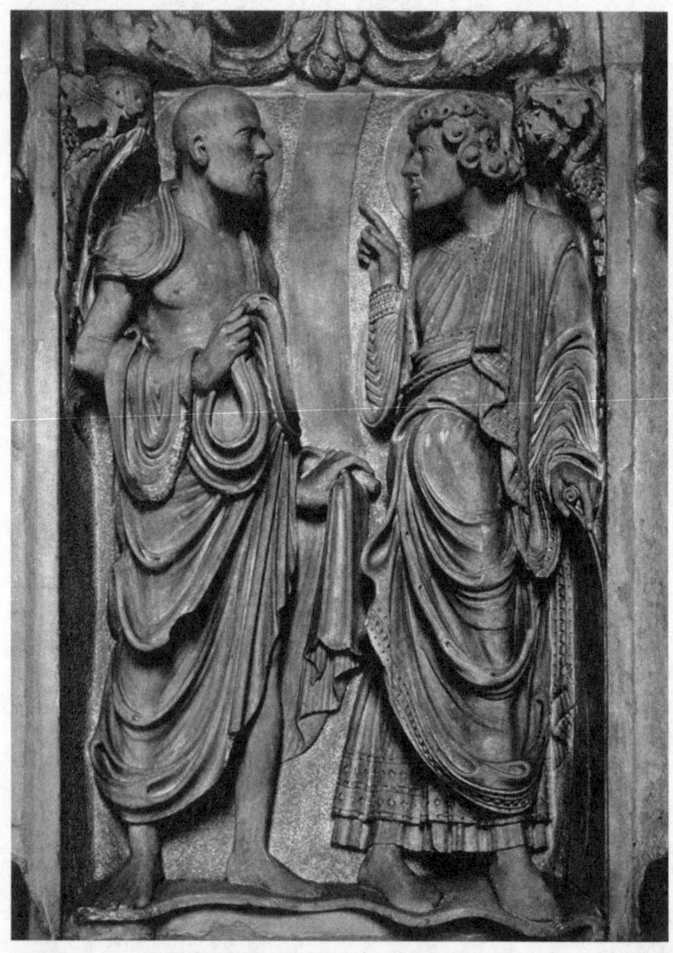

Ein Zeitalter der Vernunft, des rationalen Arguments und des gelehrten Streits: selbst die Propheten Jonas und Hosea sind im Disput dargestellt, um 1240 am Dom zu Bamberg.

1160 – 1320: Die Zeit der Kathedralen

Im 13. Jahrhundert erweiterte sich Europa nochmals: Im äußersten Norden werden die letzten heidnischen Völkerschaften langsam für das Christentum gewonnen. Einwanderer bevölkern auf der Iberischen Halbinsel wieder die von der moslemischen Herrschaft befreiten Räume. Andere, die aus Flandern, der Rheinebene, Franken und Bayern aufbrachen, kolonisieren im Osten das großenteils leere Land unter der Herrschaft slawischer Fürsten. Im Spanien der Reconquista und im gesamten östlichen Mittelmeerraum wechseln noch Plünderungsfeldzüge, die durch den Heiligen Krieg legitimiert waren, mit friedlichem Austausch: Die Masse der Reliquiare und Schmuckstücke, die die Kreuzfahrer 1204 von der Plünderung Konstantinopels mitbrachten, bestimmte die Entwicklung künstlerischer Formen stärker und jedenfalls heftiger, als es während ganzer Jahrhunderte die kostbaren Gegenstände getan hatten, die von den Kaufleuten von Amalfi und Venedig mit ihren leichten Schiffen importiert worden waren. Indessen überflügelte das Geschäft wieder den Beutezug, als sich die Navigationstechniken und Kreditformen verbesserten und die Aktivitäten dieser Geschäfts-»Kompanien« sich verstärkten, bei denen Verwandte ihr Vermögen und ihren Mut für Handelsabenteuer und Bankunternehmungen zusammentaten. Es sind nicht länger die Krieger, sondern die Kaufleute, die nun den Weg für die Missionare und die Gelehrten bereiten, die sich auf Zypern und in den Levantehäfen niederlassen und sich damit beschäftigen, unmittelbar aus dem Griechischen die Werke der Philosophen und aus dem Arabischen die der Algebraiker und der Kosmographen zu übersetzen. Von den vorgeschobensten Seehandelsposten aus, von der Krim, dem Asowschen Meer, von Trapezunt – wie zum Atlantik hin von den spanischen und portugiesischen Häfen aus –, überschreitet die europäische Expansion die Grenzen der Alten Welt. Um das Jahr 1260 wagen sich Italiener – auf dem Weg der Kundschafter, die der französische König kurz zuvor zum Khan der Mongolen geschickt hatte – ins Innere Asiens. Marco Polo und seine Brüder stoßen bis nach China vor, einige ihrer Landsleute lassen sich dort nieder; jüngst hat man im Schutt der alten Stadtmauer von Peking Grabsteine gefunden, die chinesische Bildhauer auf ihr Verlangen hin sich nach gotischer Art zu verzieren bemühten. Durch die Vermittlung dieser Abenteurer beginnen einige Europäer zu begreifen, daß die Enden der Welt nicht alle von grausamen Ungeheuern bevölkert sind, sondern daß Ordnung, Wohlstand und Glück unter weisen Königen auch in nicht christlich gewordenen Ländern herrschen können.

Im 13. Jahrhundert füllt sich Europa vor allem mit Menschen. Die alten Felder werden erweitert, neue im Brachland geschaffen. So schrumpften die weiten unbewohnten Räume, die bisher die Verbindungen erschwerten. Die europäische Landschaft wurde im Lauf des 12. und 13. Jahrhunderts geschaffen: damals nahm sie das Aussehen an, das wir noch immer kennen. Muß man nicht beim Nachdenken über die Geschichte der europäischen Künste auch diesem ungeheuren und verschiedenartigen Kunstwerk einen Platz einräumen, das die Landschaften darstellen? Vier, fünf Generationen von Ackerbauern und Winzern haben sie zustande gebracht. Sie erfüllten unbewußt die Aufgaben, welche die Autoren dieser Zeit dem neuen Menschen zuerkannten: das Werk des Schöpfers zu vollenden, den Garten Eden zu erschließen und

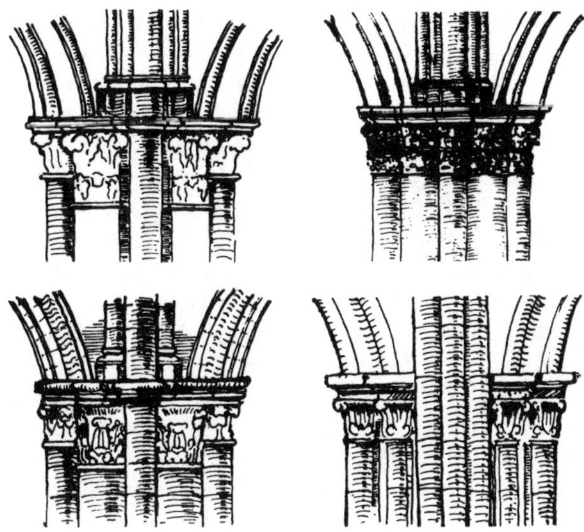

Die Kapitelle der Mittelschiffpfeiler lösen unterschiedlich das Problem, die zu den Obergadenfenstern führenden »Dienste« sichtbar zu machen und dem Pfeiler doch einen Abschluß zu geben.

sich dazu der Vernunft zu bedienen, die im menschlichen Wesen ein Abglanz der göttlichen Weisheit ist. Der rechtwinklige Plan der neuen Siedlungen zeugt von dieser geduldigen Anstrengung, die Natur zu zähmen, ihre Üppigkeit zu beschneiden, das Gestrüpp zu entfernen, auszuästen und zu begradigen, wie es die Zisterzienser in ihren Mustergärten als erste getan hatten, und genauso wie sich die Bildhauer bei den Kapitellen der Kathedralen bemühten, die überbordende Phantasie des Rankenwerks auf einfache, klare und geordnete Formen zu bringen. Die auf ihrem Boden immer dichter und fester verwurzelte Bauernschaft wurde zu dem Damm, gegen welchen in der Mitte des 13. Jahrhunderts in Ungarn und in Polen die Mongolenhorden anstürmten und dank dessen Europa als einzige Region der Erde, die diesen Vorzug genoß, seither von zerstörerischen Einfällen bewahrt blieb.

Als die Menschen dann zahlreicher wurden, produzierten sie auch mehr, und da sie noch nicht zu zahlreich waren, stieg ihr Lebensniveau. Sie konnten großzügiger ihren Hang zum Schmücken befriedigen, der allen menschlichen Gesellschaften eigen ist. Viele Pfarrkirchen wurden neu errichtet; die Bauernhäuser wurden solider und die Aussteuer, die man den Mädchen bei der Hochzeit gab, prächtiger; bis tief aufs Land verkauften Hausierer Waren exotischer Produktion, mit denen sie sich auf den Märkten versorgten. Die Bauern gelangten in der Tat dahin, ein wenig von dem Geld aufzuheben, das sie durch Lohnarbeit oder durch den Verkauf von Ernteüberschüssen auf dem Markt gewannen. Indem sie diese Ersparnisse leugneten, versuchten sie, sich gegen die Forderungen der Steuereinnehmer, der Pfarrer, der Höflinge und der Wucherer zu schützen, denn diese Forderungen wurden immer drückender, das heißt der größte Teil des Geldes kehrte in die Städte zurück. In der städtischen Gesellschaft erweiterte sich so der Kreis der Menschen, die prunkvoll auftreten konnten, ihr Dasein ausschmücken und jene äußerst würdevolle Geste vollziehen konnten: Künstlern einen Auftrag zu erteilen. Unter den Förderern künstlerischer Schöpfung gab es nun nicht mehr nur Krieger und Geistliche. Es kamen jetzt die Helfer und die Parasiten der Macht hinzu, die Vertrauten der Adelshäuser und der geistlichen Institutionen, hochrangige Diener, die die Angelegenheiten eines Herrn zu leiten beauftragt waren, die sein Haus versorgten und einen großen Teil des Geldes abschöpften, das durch ihre Hände lief. Diese Mächtigen waren bestrebt, ihrem Herrn nachzueifern, ihre Frauen ebenso glänzend einzukleiden wie er seine Gattin, Wein zu trinken wie er, Bilder zu besitzen wie er. In Körperschaften und Vereinen organisiert, bauten und schmückten sie die Gebäude, in denen sie sich zur Erörterung ihrer Angelegenheiten oder zum gemeinsamen Gebet versammelten. So entdeckt man im Lauf des 13. Jahrhunderts immer deutlicher die Spuren einer Kunst, die volkstümlich genannt werden kann, wenn man darunter versteht, daß sie für eine weniger wohlhabende Kundschaft, mit geringerer Bildung und doch um ein Zurschaustellen bemüht, das nachahmt, was geschicktere Hände auf Befehl von Prälaten und Fürsten in einem weniger gewöhnlichen Material bilden. Der allgemeine Wohlstand ließ den Gebrauch schöner Gegenstände sich von Stufe zu Stufe ins Innere des sozialen Körpers verbreiten: an der Stelle provenzalischer Dörfer, die im 14. Jahrhundert aufgegeben wurden, findet man noch die Reste von Töpferwaren andalusischer Nachahmung, welche die geringsten Dorfpotentaten, der Vogt des Lehensherrn, der Landpfarrer und der reiche Bauer mit Stolz ihren Gästen zeigten.

Am Ende des 12. Jahrhunderts räumten die Gelehrten, die sich über die menschlichen Fähigkeiten Gedanken machten und sie zu ordnen versuchten, folgerichtig neben den freien Künsten auch den, wie sie sagten, »mechanischen« Künsten einen Platz ein. Zweifellos plazierten sie die Werke der Hände sehr tief unter den Werken des Geistes. Aber sie fühlten die Notwendigkeit, von nun an nicht nur den packenden Fortschritt der Techniken, die Vervollkommnungen der Werkzeuge, die Verbreitung von Winden, Triebfedern, Mühlen und all den Maschinen, die dem Menschen die Beherrschung der Materie erleichtern, zu feiern, sondern auch den Wert der Geschicklichkeit, der Kunstgriffe und Leichtigkeit, aus allen Eigenschaften von Holz oder Wolle, Stein oder Metall Gewinn zu ziehen und unter den Farben mit ebensoviel Feinheit wie ein Musiker die Töne zu unterscheiden und mit soviel Eleganz wie die Virtuosen der dialektischen Erörterung die Form genau der Funktion anzupassen und ihr zugleich Anmut zu verleihen. In diese Zeit fällt auch das Auftreten einer Art von Adel der Handarbeit. In den großen Städten vervielfachten sich die Werkstätten, in denen Kunstwerke Gestalt annahmen. Diese Produktionsstätten, in denen wie in der Landwirtschaft einige Gesellen unter der Leitung eines Familienoberhauptes arbeiteten, hatten sich allmählich während der letzten Jahrzehnte aus den fürstlichen Haushalten gelöst. Sie gediehen. Die Arbeit wurde unter ihnen bis ins kleinste aufgeteilt. Für eine möglichst vollkommene Ausführung schien es in der Tat nützlich zu sein, jede Arbeitsphase der Herstellung auf

Spezialisten zu verteilen, die auf die Ausführung einzelner Bewegungen oder die Bearbeitung bestimmter Materialien beschränkt wurden.

Eine solche Aufteilung der Tätigkeiten begünstigte die Erneuerung allerdings nur wenig. In der Regel beschränkte man sich auf die Organisation eines jeden zu einer Gruppierung gegenseitiger Verteidigung: im Schoß dieser Zünfte untersagten sich die Meister jede Form der Konkurrenz oder des Wettbewerbs im Namen brüderlicher Freundschaft. Die Erneuerung fand deshalb woanders statt, in den Werkstätten, die die Kirchenfürsten und die höchsten Herren für eine Zeit in ihren Dienst nahmen und sie so lange ihrem Haushalt einverleibten, wie die Ausführung des Auftrags dauerte. Danach wechselte der Meister in das Haus eines anderen Herrn. Solche Werkstätten waren offensichtlich die geschicktesten. Sie standen miteinander im Wettbewerb und waren stets neugierig auf neue Verfahren und neue Formeln. Die Skizzenbücher des Villard de Honnecourt – war er Architekt? Goldschmied? vielleicht beides – zeugen von dieser Neugier und zugleich von einem Hang, analog dem der Logiker und Theologen, die Erfahrung und die Wahrnehmung der Dinge mit rationaler Strenge zu behandeln. Sie bezeugen auch, daß die besten Werkstätten, deren Ruf sich wie der von Turniersiegern verbreitete, frei von Zunftzwängen und ohne allen Schlendrian von einem Ende Europas zum anderen zogen. Im 11. und 12. Jahrhundert erklärt sich das, was die Einheit der europäischen Kunst ausmacht, zum Teil noch durch die Ausdehnung der Pilgerreisen und durch den Zusammenhang der Mönchsorden, im 13. Jahrhundert dann deutlich durch die Beweglichkeit der Werkmeister. Und das erklärt auch die Beweglichkeit der Kunstwerke, der Statuetten, der Schmuckstücke und der illustrierten Bücher. In ihnen spiegelten sich die ästhetischen Neuerungen, die an größeren Werken entwickelt worden waren. Sie trugen zu ihrer Verbreitung bei, denn sie begannen in eben dieser Zeit, auch in den Handel zu gelangen.

Die Einheit Europas und der Kunstformen in Europa waren auch die Wirkung einer Konzentration der Macht. Nach drei

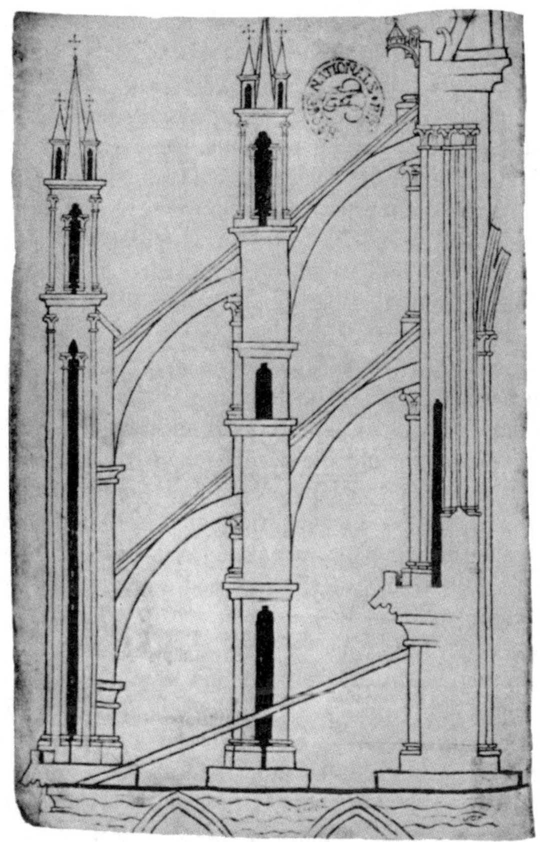

Aus dem Skizzenbuch des Villard de Honnecourt, um 1235: das Strebewerk der Kathedrale von Reims.

Jahrhunderten der Desintegration und der feudalen Auflösung machten die Belebung des Austauschs, die größere Beweglichkeit des Geldes, die Stärkung der Rechtsregeln und die Ausbreitung des schriftlichen Verkehrs sie von neuem möglich. Allerdings war die Konzentration der weltlichen Macht nicht vollständig. Was auch immer die Prätentionen der deutschen Könige waren, die die kaiserliche Würde innehatten, und was auch immer die wirkliche Macht eines Friedrich Barbarossa oder eines Friedrich II. von Staufen war, so blieb doch die Vorstellung eines vollständig unter der Leitung des Kaisers als einzigen Führers vereinigten christlichen Volks eine Angelegenheit der Schwärmerei. Zweifellos gab es an der Kreuzung der wichtigsten Landwege, in der Mitte des großen Marktes, zu dem Europa geworden war und wo die Gedanken und die neuen Techniken ebenso leicht zirkulierten wie Waren und Geld, eine politische Formation, die größer und stärker war als alle anderen, das Königreich Frankreich. Und von Paris aus, das zu seiner tatsächlichen Hauptstadt geworden war, verbreiteten sich über ganz Westeuropa die guten Sitten der Gesellschaft, im Gespräch und bei Hof, die Kriegs- und Turnierregeln und die des irdischen Bauens, um in der Übereinstimmung von Polyphonie und Architektur weniger unvollkommene Ahnungen himmlischer Vollkommenheit zu schaffen. Dennoch blieb Europa in Fürstentümer aller Größen geteilt. Sie stärkten sich gegenseitig und waren zugleich eifersüchtig aufeinander. Die Konstruktion des modernen Staats, die sich auf die Ansätze der damals beginnenden Bürokratie stützte, begann als zersplitterte Ordnung.

Hingegen konzentrierte sich die geistliche Macht vollständig. Wenn Europa im 13. Jahrhundert enger vereint erscheint als sonst irgendwann, so schuldet es das dem Zusammenhalt der kirchlichen Institution. Im Lauf der vorangegangenen Jahrzehnte war die Kirche im Zuge ihrer eigenen Reform zur Monarchie geworden, und zu der am besten gebauten von allen, denn sie stützte sich auf den Gebrauch einer einzigen Sprache, des Lateins, und auf die identische Ausbildung, die die große Zahl ihrer Diener erhielt. Der Gedanke drängte sich auf, daß die Kirche sich und die Christenheit als Einheit sah und daß diese nichts anderes sei als der Leib Christi. Dieser Leib konnte nur einen einzigen Kopf haben, das war der Bischof von Rom, der Nachfolger des Apostels Petrus, dem Jesus die Macht zu binden und zu lösen verliehen hatte. Da das Heilige überall war, setzte sich die Autorität des Papstes, »Haupt und

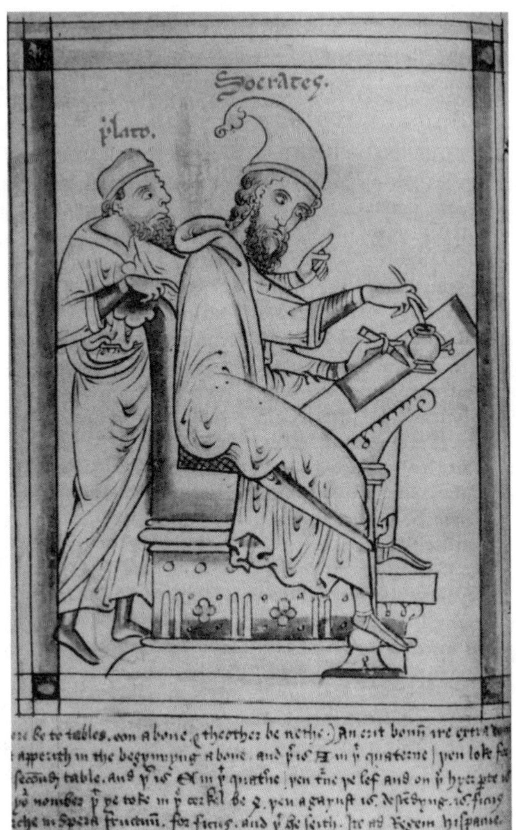

Antike Dichter und Philosophen galten als Zauberer und Wahrsager. In dieser Handschrift aus dem 13. Jahrhundert schreibt Sokrates auf, was Platon ihm diktiert.

Fundament der Christenheit«, überall im Namen des Dogmas und der Moral durch, bis in die vertraute Sphäre aller Könige, aller Fürsten und von jedem, der den geringsten Zipfel Macht in Händen hielt. Als Innozenz III. im Jahr 1198 am Tag seiner Krönung, mit der Tiara als »Zeichen des Imperiums« bekrönt, behauptete, daß der »Papst die Mitte zwischen Gott und dem Menschengeschlecht einnehme«, beanspruchte er viel mehr als das Erbe Ottos, Karls des Großen und Konstantins. Und um diesen Anspruch zu stützen, versuchte er aus der zunehmenden Strenge des Lehensrechts Nutzen zu ziehen und sich selbst an die Spitze einer Pyramide von Lehensbeziehungen zu setzen und alle anderen Monarchen zu nötigen, sich als Vasallen des Apostels Petrus anzusehen und, einer nach dem anderen, ihr Fürstentum von diesem als Lehensgut anzunehmen.

Die sterblichen Überreste des Apostels Petrus ruhten in Rom; sein Vertreter, der Papst, war Bischof von Rom, und jeder der Kardinäle, die seinen Hof, die Kurie, bildeten, war Titularpriester einer der Kirchen von Rom. Rom war jedoch im 13. Jahrhundert nicht die Hauptstadt des zentralisierten Staats, den die Kirche bildete. Es gab dieses Zentrum gar nicht. Die maßlose Stadt, in der Kriegerhorden, die in den stabileren antiken Bauwerken hausten, sich dauernd Kämpfe lieferten, war regelmäßig Schauplatz von Unruhen. Die päpstliche Macht konnte sich da nicht dauerhaft festsetzen. Der Papst war unterwegs in Westeuropa; entsprechend der Formel, die man damals prägte, »wo seine Person ist, da ist Rom«. Und da einerseits die Steuer- und Banktechniken noch zu grob waren, als daß der Papst und die Kardinäle aus dem überfließenden Reichtum der Kirche hätten schöpfen können, und da sie sich andererseits eine Zisterzienserstrenge auferlegten, übten sie kein Mäzenatentum aus, das der Fülle ihrer Macht entsprach. Wenn man an die Kunst des 13. Jahrhunderts denkt, so kommt einem weder Rom in den Sinn noch die Klöster oder die Paläste der Fürsten. Es sind vielmehr die Kathedralen. Bauwerke, die über die gesamte Christenheit verstreut sind.

Seit das Reformpapsttum den Stand der Bischöfe erneuert hatte, bildete die Kathedrale die Grundlage der kirchlichen Macht. Sie war das Hauptstück eines Systems von Unterricht und Zwang, das endlich die Übereinstimmung des gläubigen Volkes zustande bringen sollte, um es zum Heil zu führen. Mit aller Kraft und gegen seinen Willen. Indem es das Volk von jenen seit unvordenklichen Zeiten bestehenden religiösen Praktiken abzulassen zwang, die die Priester Aberglauben nannten. Indem es die Verwirrungen der beunruhigten Seelen im Zaum hielt. Indem es gegen alle Häresien kämpfte. Das Gerüst für dieses System war schon vorhanden. Es war das des Römischen Imperiums, ein Netz von Städten, von denen jede ein Gebiet beherrschte. In jeder Stadt erhob sich eine Kathedrale, und die erschien naturgemäß als die Quelle der Macht. Nicht nur der rechtsprechenden Gewalt, die jeden Verstoß gegen die Christenpflichten bestrafte, sondern einer anderen, geheimnisvollen Macht, der der Sakramente.

Das Sakrament ist ein Zeichen. Ein Ensemble von rituellen Gebärden und Worten, durch welche die Gnade mitgeteilt wird, jene Kraft, die es erlaubt, sich vom Bösen zu befreien und der Verdammnis zu entgehen. Im Laufe des 12. Jahrhunderts hatten die Kirchenlehrer die Zahl der Sakramente festgelegt und darüber nachgedacht, was sie wirkungsvoll mache. Alle leiteten sich von der Person des Bischofs ab. Der führte jedes Jahr mit seinen Händen durch das Sakrament der Firmung die jungen Christen der Diözese in die Gemeinschaft der Erwachsenen ein, womit die Lehrzeit endete. Durch das Sakrament der Priesterweihe schuf er seinen Klerus, brachte die Helfer hervor, die ihm bei der Austeilung der anderen Sakramente behilflich waren, er setzte die Priester in die Macht ein, ihrerseits die Gnade auszuteilen, diese Macht, mit der er durch die Weihe zum Bischof selbst erfüllt worden war. Er versetzte sie in die Pfarreien, wo die Gläubigen sich umschlossen und immer strenger überwacht fanden in dem Maße, in dem das soziale Netz enger wurde und die Bevölkerung auf dem Land und in den Städten dichter. In jeder Gemeinde spendete der Pfarrer das Sakrament der Taufe und das der Letzten Ölung. Indem er sich an die Stelle des Familienoberhauptes setzte, sprach er jetzt die Formeln aus, die die Gatten vereinten: Nach in der Tat langem Zögern hatte die Ehe ihren Platz unter den sieben Sakramenten gefunden. Die Priester segneten die Schwerter und bemächtigten sich damit eines anderen Übergangsritus, der Schwertleite, so wie auch das Rittertum als ein Sakrament galt. Alle Initiationszeremonien, die nacheinander von der Geburt bis zum Tod das Dasein jedes Gemeindemitglieds bestimmten, waren somit unter der Gewalt des Bischofs und, durch Delegation, des Klerus. Ihre Kontrolle über die Gewissen übte die Kirche jedoch vor allem durch das Sakrament der Eucharistie und durch das der Buße aus. Die Eucharistie wurde in dieser Zeit zum Zentrum des gesamten Symbolsystems des Christentums. Furcht, Sehnsucht und Hoffnung richteten sich auf die Hostie, diesen Gegenstand, den man zugleich zeigen und schützen mußte, und die Künstler wurden beauftragt, den Innenraum der Kultstätten auf sie zu beziehen und die Formen der Tabernakel, der Monstranzen und der Hostienbehälter entsprechend zu gestalten. Die Buße bedeutete die Verpflichtung, regelmäßig ängstlich und gewissenhaft vor der Beichte die Sünden herauszufinden, die strikt in Todsünden und läßliche Sünden innerhalb einer genauen Hierarchie aufgeteilt waren. Das vierte Laterankonzil von 1215 befahl den Gläubigen, mindestens einmal im Jahr zur Kommunion zu gehen und sich durch die Beichte darauf vorzubereiten.

Die strikte Kontrolle in der Gemeinde und die ständige Inquisition, mit der die Pfarrer betraut waren, genügten nicht. In derart bewegten Zeiten war es nötig, die Einheit des Handelns und der Lehre zu festigen und folglich die des Unterrichts in den Bischofsschulen, wo die Priester darauf vorbereitet wurden, gut zu sprechen, die überzeugenden Worte zu finden und selbst nicht von der rechten Bahn abzuweichen. Während die Juristen im Dienst des Heiligen Stuhls die Theorie entwickelten, die dem Papst die »Fülle der Macht« reservierte, kraft deren er das Episkopat eng unter seinen Hirtenstab scharen konnte, bildete sich im Lehrsystem eine Hierarchie. Einrichtungen eines »Studium generale« wurden gegründet, und das Streben nach Zentralisierung gipfelte in der Bildung eines einzigen Zentrums, wo die Gelehrten aus allen Ländern gemeinsam daran arbeiteten, das Dogma zu befestigen. Die römische Kurie wollte die Lehrer und ihre Schüler genau überwachen, die erst nach einem langen Programm der Vorstudien zum Studium der göttlichen Wissenschaft, der Theologie, zugelassen wurden; dafür half sie ihnen, sich in einer Art Körperschaft, der »Universität«, zu versammeln. Dieser Mittelpunkt wurde in Paris geschaffen. Wenn es im 13. Jahrhundert eine Hauptstadt der Christenheit gegeben hat, so war es diese Stadt, in der die Instrumente des Wissens sich konzentrierten und wo alle Bischöfe Europas und alle Päpste einen großen Teil ihres Lebens damit verbrachten, zu studieren, zu disputieren und selbst zu unterrichten, ehe sie ihre Ämter antraten. Ein Schmelztiegel, in dem sich alle Partikularismen auflösten. Dort entstanden die gleichförmigen Arten des Gebets und des Denkens und ebenso die Arten der Architektur und Dekoration. In der Tat gerieten in Paris die Avantgarden der ästhetischen Arbeit in enge Verbindung zu denen der theologischen. Die Bauhütte für eine neue Kathedrale wurde 1163 eingerichtet. Sogleich sammelten sich dort die kühnsten Entwürfe der Baumeister, die seit einiger Zeit in den Städten der Île-de-France arbeiteten, und es wurden für diesen Bau nacheinander zwei ausschlaggebende Entscheidungen getroffen: um das Jahr 1180 die Entscheidung, die Gewölbebögen um ein Drittel höher als vorgesehen zu machen, dank der Vervollkommnung der Strebebögen; um das Jahr 1250 die Entscheidung, an den Wänden des Querschiffs den Stein durch das farbige Glas riesiger Rosetten zu ersetzen. Ganz Europa übernahm diese Lösungen.

In einem lebhaften Wetteifer fing jede Stadt damit an, ihre Kathedrale neu zu erbauen, und wollte sie noch glänzender und größer, höher und lichtdurchströmter als die Nachbarstädte. Diese Monumente waren der Stolz der Stadt. Ihre Blüte zeugt vom städtischen Wohlstand und ebenso vom schlechten Gewissen der Reichgewordenen, die sich freizukaufen glaubten, indem sie einen Teil ihrer Gewinne für die Erneuerung der Pfarrkirche opferten. Sie zeugt aber vor allem von Macht und Stolz der führenden Personen der Weltkirche. Es fällt heute schwer, sich vorzustellen, welche Kühnheit und Maßlosigkeit in den damals gezeichneten Plänen lag, und sich der enormen Summen bewußt zu werden, die von Burgos bis Trondheim und von York bis Pécs, Nikosia oder Famagusta für die Fortführung nicht enden wollender Bauarbeiten verschlungen

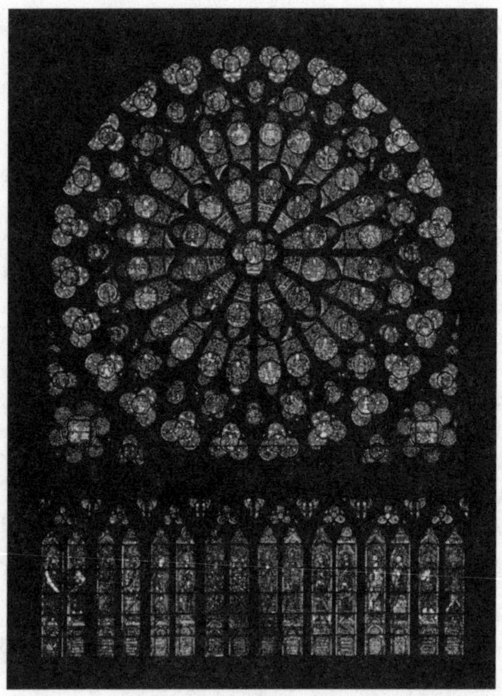

Paris, Notre Dame,
südliches Querschiff: Innenseite.

wurden. Denn der Bau der Kathedrale zog sich fast stets über Jahrzehnte hin. Manchmal wurde er halbfertig eingestellt. Aber schließlich wurde die Mehrzahl der Entwürfe zumindest zum großen Teil verwirklicht, selbst wenn manche Bürgerschaften revoltierten, sich weigerten, länger die unmäßigen Kosten zu tragen, und eine kurzfristige Unterbrechung erzwangen. Die Kathedrale, die mit ihrer ganzen Höhe die Masse der Gebäude dominierte, die die Stadt bildete, veranschaulichte die höchste Macht, mit der sich der Klerus bekleidet glaubte. Daß dies eine und nicht die geringste ihrer Aufgaben war, belegt eine Tatsache: der Eifer, mit dem man zum Zeichen des Sieges des

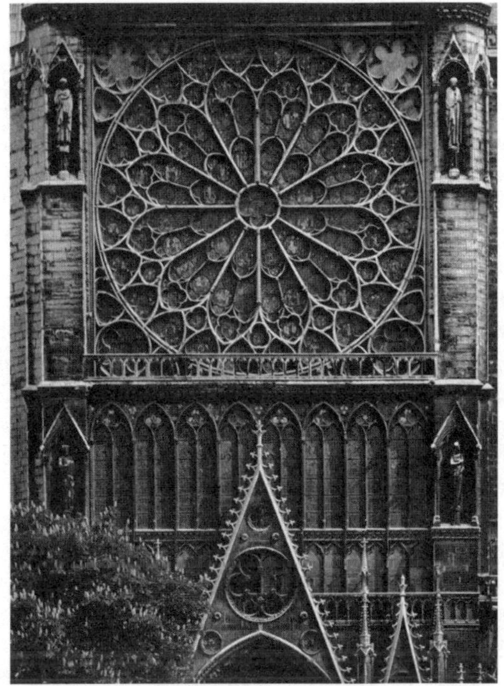

Paris, Notre Dame,
südliches Querschiff: Außenseite.

katholischen Glaubens und Dogmas Kirchen, die denen im Norden Frankreichs ähnlich waren, in den Bischofsstädten des Südens baute, wo man die Häresie der Katharer gerade mit den Waffen, dem Scheiterhaufen und der Predigt ausgerottet hatte.

Die Domherren überließen dem Volk einen Teil der Kathedrale, aber einen begrenzten: das Gebäude gehörte ihnen. Sie entwarfen den Bau. Die Gelehrten unter ihnen entdeckten nach und nach die Schriften des Aristoteles und deren arabische Kommentare. Sie waren fieberhaft damit beschäftigt, die Instrumente des logischen Kalküls zu vervollkommnen.

Überzeugt, daß die Schöpfung einheitlich sei, so wie es nur einen Gott gibt, bemühten sie sich, zum Verständnis Gottes die Ordnung der Welt offenbar zu machen. »Die göttliche Natur«, lehrte Thomas von Aquin, »hält alle Dinge in Übereinstimmung ohne Verwirrung, dergestalt, daß alle in einem anschaulichen Zusammenhang einander zugeordnet sind«, und Dante behauptete wenig später, daß alles innerhalb einer allgemeinen Form geordnet sei, die das sichtbare Universum Gott ähnlich werden lasse. Im Bemühen, ihr Wissen und ihren Unterricht innerhalb dieses »Zusammenhangs«, dieser »allgemeinen Form« zu ordnen, konstruierten die Scholastiker, wenn sie mit ihren Untersuchungen und Disputationen zu Ende gekommen waren, schließlich das, was sie eine Summe nannten. *Summa:* das ist eines der Worte, mit denen man am besten die neuen Kathedralen bezeichnen könnte. Sie sind die sichtbare Projektion dieses Strebens nach Einheit, das damals die Scholastik antrieb.

Der Bischof und sein Kapitel überließen die Ausführung des Plans den Fachleuten, den »Steingelehrten« (docteurs ès pierres), den »Architekten«, wie man sie in der Mitte des 13. Jahrhunderts zu nennen begann, als ihre Persönlichkeit bestätigt wurde und sie es wagten, das Bauwerk mit ihrem Namen zu signieren. Aber die Domherren verfolgten die Arbeiten ganz genau. Aufgrund dieser engen Zusammenarbeit spiegeln die Formen der Kathedrale zugleich die technischen Fortschritte wider, die in diesen Bauhütten (und denen der Festungswerke) damals gemacht wurden, ob es sich nun um die Vervollkommnung der Gerüste und der Hebemechanismen handelt oder um die Bearbeitung der Steine der Außenfläche, und die Fortschritte der scholastischen Gelehrten bei der Arbeit der Vernunft. Im ersten Drittel des 12. Jahrhunderts, als Suger die Apsis von Saint-Denis plante, waren die Gelehrten schon in der Lage, diverse begriffliche Elemente in einen Zusammenhang zu bringen: Die verschiedenen Voraussetzungen des Problems bis zur Lösung im Gedächtnis zu behalten – damit definierte Abaelard in seiner *Ethik* einen der modernsten Aspekte seiner Methode. Und wenn man in der Schule immer

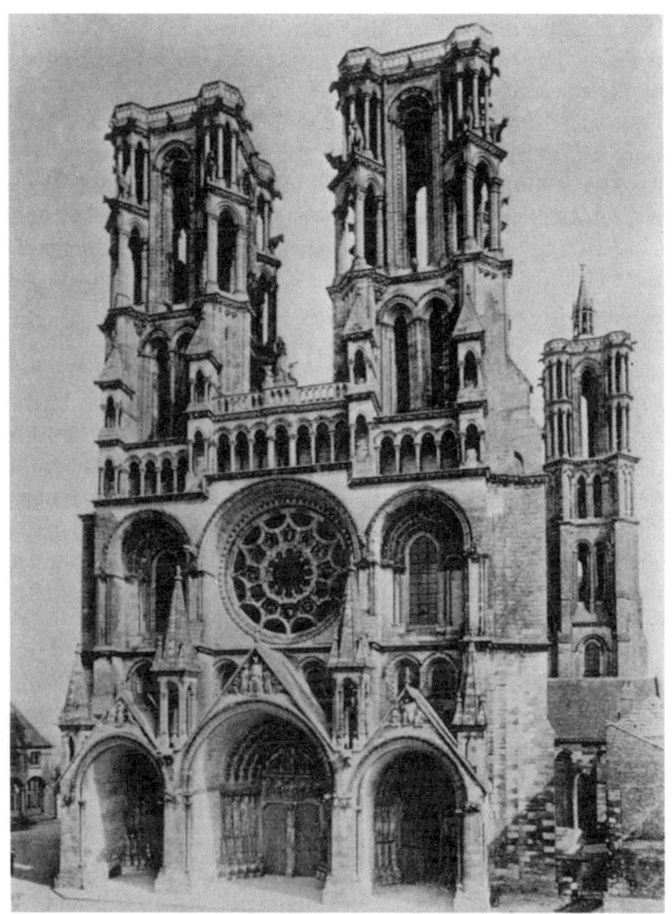

Kathedrale von Laon, etwa 1180.

noch vor allem lernte, *was* man denken sollte, so bemühten sich Lehrer und Schüler, wie Charles Radding bemerkt, auch zu lernen, *wie* (und immer rationaler) zu denken. Zwei Generationen später, in den achtziger Jahren, waren die Domherren bereits fähig, Analyse und Synthese miteinander zu verbinden und gleichzeitig mit dem allgemeinen Plan einer Abhandlung jedes der herangezogenen Argumente miteinzuschließen. Diese Fähigkeit half nach und nach, der Architektur der Kathedrale den Zusammenhang zu verleihen, jene wiederholte, unerbittliche Einheit, die Korrektheit und Strenge einer Fuge oder eines Grund- und Aufrisses, die den Betrachter im Inneren des Gebäudes ergreift.

Diesen Innenraum wollten die Mitglieder des Domkapitels zum Himmel emporgehoben wissen wie die Psalmen, die sie gemeinsam an diesem Ort Stunde um Stunde sangen wie die Mönche. Vor allem wollten sie ihn lichtdurchlässig. Dialektiker und Theologen studierten aufmerksam die Gesetze der Optik. Sie waren tatsächlich davon überzeugt, daß der Lichtstrahl als Vermittler der Liebe von allen erschaffenen Dingen dasjenige ist, das den Menschen am engsten mit Gott verbindet. Als Suger zwischen 1130 und 1140 die Apsis der Klosterkirche neu errichtete, benutzte er als Anleitung die *Mystische Theologie,* eine dem Dionysius Areopagita, dessen Reliquien das Kloster von Saint-Denis zu verwahren glaubte, zugeschriebene Abhandlung. Nach Dionysius ist das Göttliche der glühende Brennpunkt, von dem alle Inbrunst ausstrahlt und nach welchem sich alle Sehnsucht verzehrt. Suger lud deshalb die Baumeister ein, alles ins Werk zu setzen, damit der neue Chor »erstrahle von einem wunderbaren ununterbrochenen Licht«. Im 13. Jahrhundert übten die Lehren des Dionysius, verbunden mit der Einleitung des Johannesevangeliums, immer noch die gleiche Faszination aus, auf das Denken eines Robert Grosseteste, eines Thomas von Aquin, eines Bonaventura und vieler anderer Doktoren: das Wort Licht erschallte in jedem Text. Die Domherren riefen deshalb die Baumeister dazu auf, alle Möglichkeiten auszuschöpfen, um die Wände der Kathedrale so weit wie möglich aufzulösen, das Bauwerk bis auf die bloßen Rippen zu reduzieren, damit das Licht sich dort, wie Suger es wollte, »ohne Unterbrechung« ausbreite. Und damit dieses Licht »wunderbar« würde, verwandelten sie es, wie es Suger getan hatte, durch den Zauber der farbigen Glasfenster. Auf den Kirchenfenstern wurden »Legenden«, Heiligenleben zur Erbauung der Gläubigen, ins Bild gesetzt. In Wahrheit verflüchtigen sich die Bildfolgen dieser Erzählungen, lösen sich im Schillern auf, einem farbigen Zauber, der zum Glanz des Übernatürlichen leitet. Denn die wirkliche Lektion, die die Glasmalereien geben wollten, war die der Grenzüberschreitung, der Verklärung des Fleischlichen ins Geistliche. Sie bildeten die blendenden Tore der Stadt Gottes. Sie luden die betrachtende Seele ein, diese Tore zu überwinden und sich durch ihre Bewegung in die Höhe oder im Kreis mitreißen zu lassen, um an der geheimnisvollen Dynamik teilzuhaben, die das Wesen des Universums ausmacht. Im »Ausströmen der Kreaturen« entdeckte Thomas von Aquin ein »Kreisen oder Atmen deshalb, weil die Wesen wie zu ihrem Ziel dahin zurückkehren, wovon sie als ihrem Ursprung ausgegangen sind«. Einen solchen Schwung, den die Theologen Liebe nannten, worin sie die bewegende Kraft der Einheit des Kosmos und zugleich der einmütigen Zusammengehörigkeit sahen, auf der die Macht der Kirche beruhte, stellen die großen Rosetten dar, die sich nach der Mitte des 13. Jahrhunderts zwischen den Strebepfeilern der Kathedralen ausdehnen, auf eine im vollen Sinne des Wortes glänzende Weise.

Das Bild wurde im Inneren auf dem Glasfenster immateriell bis hin zum Verschwinden im Flimmern der Strahlen. Im Gegenzug gewann es außen als Skulptur immer mehr Präsenz und überzeugende Kraft. Das geschah durch einen bewußten Rückgriff auf die Bühnenmalerei zu einer Zeit, als in den Städten vor den Toren der Kathedralen zur Belehrung des Volkes Mysterienspiele aufgeführt wurden, die der Ursprung unseres Theaters sind. Die Absicht derer, die die Kathedrale entwarfen, war es in der Tat, diejenigen Wahrheiten, mit denen sie sich in der Meditation und der Erörterung beschäftigten, als Schauspiel zu inszenieren, um das, was ein Christ zu seinem Wohl und Heil tun mußte, anschaulich zu machen. Das Bild änderte seine Funktion, indem es die Fassaden bis zu ihrer Spitze bedeckte und seine Figuren sich in der Höhlung der Vorhalle drängten, um Szenen profaner Zeremonien darzustellen, welche die Priester unter ihre Herrschaft gebracht hatten. Am

Tympanon von Moissac und von Vézelay, an der Königspforte von Chartres war das Bild noch Epiphanie, Offenbarung des Unsichtbaren. Zum Instrument einer Pädagogik geworden, entfaltete es jetzt nach Art der theologischen Summen eine klare, logische und vollständige Erläuterung der Schöpfung und der Stellung des Menschen in ihr. Sie zeigte vor allem die Heilsgeschichte und erzählte deren aufeinanderfolgende Episoden und beharrte den Meinungen der Häretiker gegenüber auf denen, die die transzendente Wirklichkeit der Fleischwerdung Gottes, der Erlösung durch das Kreuz und des Königtums Christi beweisen, und auf denen, die damit zugleich die Macht der Kirche als Braut Christi vorführen, die er in der Gestalt seiner Mutter Maria mit eigener Hand krönt. Die Wirkung der Distanzierung, die jede Inszenierung bewirkt, hielt die Akteure dieses szenischen Spiels, Adam und Eva, die Propheten, Jesus, Maria, die Apostel und die Schutzheiligen in einer anderen Welt, fern von jedem Zugriff. Um die Zuschauer zu ergreifen, mußten die Gestalten jedoch wahr und wirklich lebendig erscheinen, und es kam darauf an, daß ihre Gesten, gemessen und verhalten, wahr erschienen und daß wirkliche Gefühle sich in den Zügen ihrer Gesichter ausdrückten. Diese Sorge um den Eindruck der Wirklichkeit trug dazu bei, die skulptierten Figuren von der Mauer zu lösen und damit die Tradition der monumentalen Standbilder neu zu beleben.

Zu Beginn des 13. Jahrhunderts erhoben sich im Pariser Domkapitel Stimmen, die behaupteten, im Namen der Demut, der heiligen Einfalt und der Nächstenliebe wäre es besser gewesen, man hätte das zum Schmuck von Notre-Dame ausgegebene Geld unter die Armen verteilt. Es war eben die Zeit, als nahe der südlichen Küsten Europas, in der Languedoc und im Italien der Stadtrepubliken die Bettelorden entstanden.

Betteln, nichts mehr besitzen, von Almosen leben, die völlige Armut, die der Apostel, die der in den Vorstädten zusammengepferchten Zuwanderer zu wählen, dieser Entschluß war eine Antwort auf die Häresie des Reichtums oder besser: auf die durch sie verursachte Enttäuschung der Laien. Die Domi-

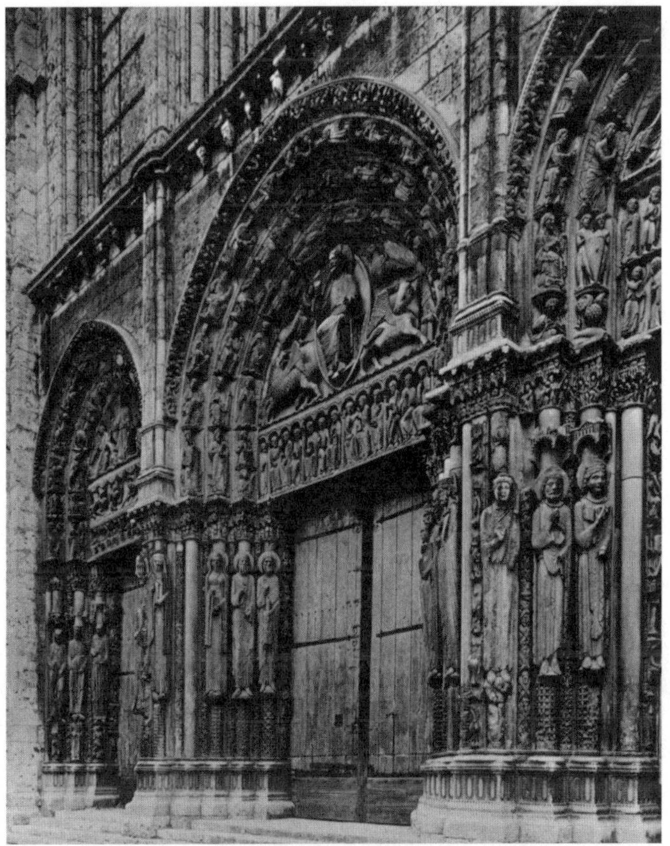

Chartres, das Hauptportal nach Westen:
ein Figurenportal mit Bühnenwirkung.

nikaner antworteten mit der Reform einer schon bestehenden Institution: Dominikus war Domherr, und seine Gefährten waren es auch, aber um die Häretiker auf deren eigenem Boden zu schlagen, um die unzähligen Kritiker der Kirche zu entwaffnen, die sie als zu reich und zu hochmütig verurteilten, änderten sie vollständig ihre Lebensweise und ihre

Amtsführung. Die Franziskaner ihrerseits entschlossen sich, ein Dasein von größerer Reinheit und Selbstentäußerung zu führen als die »Vollendeten« der ketzerischen Sekten, aber in Achtung der kirchlichen Autorität: Franz von Assisi war und blieb Laie; wie Petrus Waldes, der Begründer der Waldenser, wollte er die Gebote, die er im Evangelium gelesen hatte, strikt anwenden. Der Unterschied liegt darin, daß er nicht, wie zwanzig Jahre früher Petrus Waldes, von der Kirche verworfen wurde, denn er hörte nie auf, die Priester zu ehren. Die triumphierende und besser unterrichtete Papstkirche verstand es, Dominikus und Franz zu gebrauchen und ihrem System einzuverleiben. Die wandernden Bruderschaften, die sie begründet hatten, wurden zu Mönchsorden, die man um der Einheit der Lehre willen reglementierte.

Die Wanderprediger, die »Minderbrüder« (Minoriten), ebenso wie die Karmeliter und Augustiner, zwei andere, im gleichen Geist gegründete Bruderschaften, waren Ordensleute, aber keine Mönche. Sie wandten sich nicht von der Welt ab, sondern tauchten unmittelbar ins babylonische Leben der Städte ein, vor denen der heilige Bernhard geflohen war. Und das nicht allein in den alten Städten, sondern in allen jetzt aus dem Boden sprießenden Siedlungen. An diesen Orten, Trägern des Fortschritts wie der Verderbnis, hatten sie den Auftrag, den Klerus zu stützen oder sogar abzulösen, um den handeltreibenden Teil der Bevölkerung zur Buße zu bekehren. Sie taten es, indem sie ganz einfach Zeugnis ablegten und sich so verhielten wie die Jünger Jesu und die Armen, auf die sie trafen. Sie taten es, indem sie mit ihrer Umgebung in der Sprache des Alltags redeten. Dabei bemühten sich die geschulten Dominikaner mehr zu überzeugen, die Franziskaner eher, die Herzen zu bewegen. Zuerst hatten sie ohne Herd und Heim auf der Straße gelebt. Als die Kardinäle, die sie beschützten, ihnen zur besseren Aufsicht befahlen, sich in Klöstern niederzulassen, folglich zu bauen, gehorchten sie, ohne jedoch ihre Berufung zur Armut zu verraten. Die Kirchen, die sie am Stadtrand oder in den Vorstädten bauen ließen, sind für die Predigt geschaffen. Einfache Hallen, deren Inneres leer ist, damit sich

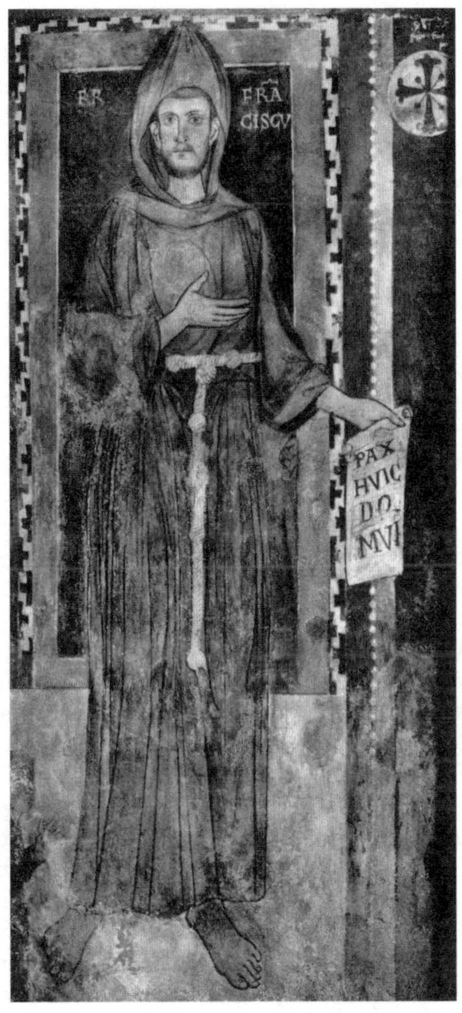

Franz von Assisi. Wohl das erste Porträt
eines Menschen um seiner selbst willen,
vielleicht nach seinem Tod 1226
und vor seiner Heiligsprechung 1228 gemalt,
Sacro Speco bei Subiaco (Rom).

nichts zwischen die Predigtkanzel und die Gläubigen schiebt; an den Fassaden, an den Innenwänden und an den Pfeilern keine Skulpturen. Wohl aber verwendeten die Bettelorden und zuerst zweifellos die Franziskaner das Bildnis. Das Bildnis oder besser: einfache, demonstrative, schlagende Bildfolgen, die man seit je zur Verbreitung des Glaubens beim Volk benutzte. Um die Wirkung ihrer Rede zu verlängern, schien es ihnen nötig, vor die Augen ihrer Hörer in einer Reihe, Bild an Bild, die Szenen des Erlösungsgeschehens oder auch die aus dem Leben des heiligen Franz zu stellen, der sich so sehr mit Christus eins fühlte, daß er die Wundmale erhielt. Sie benutzten dazu die Malerei. Diese Kunst war leichter und weniger kostspielig. Sie bot sich besser zur Verbreitung des Bildes an. Ihr schrieben die Brüder eine ergänzende Rolle zu. Sie hielten sie für geeignet, eine unmittelbare Zwiesprache des Gläubigen mit Jesus zu befördern. Hatte sich nicht der Gekreuzigte eines Tages aus dem Bild zum heiligen Franz geneigt, um mit ihm zu sprechen? Die Bettelmönche hatten eine wirkungsvolle Seelsorge entwickelt und betrieben frühzeitig eine Verbreitung des Andachtsbildes, das sie gern in allen Häusern gesehen hätten.

Ab 1230 waren die Bettelmönche allgegenwärtig. An der Universität: die päpstliche Macht half ihnen, die Hochschulen zu erobern. An den Fürstenhöfen: unter ihrem Einfluß änderte der heilige Ludwig, König von Frankreich, sein Leben von Grund auf. In der städtischen Gesellschaft bis in die letzten Winkel: die Minoriten und ihnen nahe Bruderschaften beherrschten sie. So konnten sie durch ihr Beispiel eine Rückkehr zum Evangelium lehren und das Christentum völlig erneuern. Sie begründeten es in der Tat noch einmal, und was heute bei uns noch davon übrig ist, stammt von ihnen. Als Betreiber einer radikalen, alles verwandelnden Umkehrung beunruhigten sie freilich die römische Kurie. Nicht ohne Grund. Die Botschaft selbst, die diese Begeisterten brachten, ihre Art, durch das Anschauliche zu wirken, der individuellen Verantwortlichkeit Vertrauen zu schenken und das Ferment der Unbeugsamkeit, das Dominikus und Franz dazu getrieben hatte, die traditionellen Strukturen zu durchbrechen, brachte die Gefahr mit sich, daß sie unter die Protestbewegungen gerieten.

Und Protestbewegungen nahmen überhand. Die Theokratie und ihre Zwangsanstalten trafen tatsächlich auf doppelten Widerstand. Der am weitesten verbreitete, wenn nicht lebendigste, kam aus einer weltlichen Kultur, die mit dem wirtschaftlichen Aufschwung und der Verbreitung von Wissen erstarkte. Wohl hatten schon die Predigten der Bettelorden die Gesellschaft erregt, und die Sünder leisteten regelmäßig Buße. Aber je offeneren Geistes und je wohlhabender sie wurden, desto eher glaubten sie sich durch diese regelmäßige Kasteiung von ihren Sünden erlöst und beanspruchten das Recht, auch das irdische Glück zu genießen. Die Lust auf Vergnügen verbreitete sich beim Adel und dem hohen Bürgertum durch das kräftige Aufblühen der von Grund auf antiklerikalen ritterlichen Kultur, die im Umkreis der großen französischen Lehensherrn geprägt wurde, ehe sie sich an allen Höfen Europas ausbreitete. Zudem attackierten in den Hochschulen die Magister und ihre Schüler die alten falschen Vorstellungen. Sie verkündeten immer vernehmlicher, die Natur sei, als gelehrige Dienerin Gottes, gut, und mithin sei es erlaubt, wenn man Vernunft bewahre, sich ohne Furcht vor Verdammnis ihren Verlockungen hinzugeben. Unter den Quellen des Genusses nahm die Schönheit der Formen einen vorderen Platz ein, mit anderen Worten: inmitten der Sinnenfreude des 13. Jahrhunderts ruhten die Keime einer fortschreitenden Entsakralisierung des Kunstwerks. Diese Keime begannen sich im engen Kreis derer, die über die großen Bildprogramme entschieden und dafür verantwortlich waren, unauffällig zu entwickeln. Es waren meist noch Männer der Kirche, sehr fromm und sehr darauf bedacht, Gott wohlgefällig zu sein. Dennoch erwarteten sie von den Bildhauern, Goldschmieden und Malern, daß sie auch ihnen zu Gefallen arbeiteten. So weicht, bis in die Zierformen der Kathedralen, der sakrale Charakter unmerklich einer Suche nach Anmut und Eleganz, dem zweckfreien Spiel der Virtuosität und dem Glanzvollen. Und bald auch schon dem Flitterkram und der gezierten Künstelei.

Der andere Widerstand kam vom neugestärkten Staat, von seinen Herren, den Königen und Fürsten, die eifersüchtig über ihre Vorrechte wachten. Vor allem aber von seinen Dienern, die immer zahlreicher wurden und zunehmend besser unterrichtet, besonders im Zivilrecht, das auf das des antiken Rom begründet war, und die nun gegen das Überhandnehmen der kirchlichen Rechtsprechung, gegen die Anmaßung der Kleriker, sich im Namen des Heiligen in alles einzumischen, einen beharrlichen und schließlich siegreichen Kampf führten. Wohl waren sich die Inhaber der weltlichen Macht zweifellos sehr viel bewußter als je zuvor, was sie Gott und ihren Untertanen schuldeten. Sie bekämpften folgsam die Ketzerei und den Unglauben; sie brachen freiwillig zu Pilgerfahrten auf; sie erlegten sich die Abstinenzen auf, die ihnen ihre Beichtväter verordneten; sie als erste wurden von der franziskanischen Seelsorge erfaßt und weihten einen beträchtlichen Teil ihrer Zeit dem Gebet vor Andachtsbildern. Wohl unterstützten die Fürsten auch stets den Bau und die Ausschmückung der Kirchen – vor allem den der Kathedralen: wären sie weniger spendabel gewesen, hätte deren Errichtung sich noch viel länger hingeschleppt. Auf der anderen Seite beanspruchten sie aber immer mehr Selbstbestimmung, sei es in der Ausübung ihrer Andacht oder in der ihres Mäzenatentums. Daher gaben sie mehr und mehr dafür aus, noch nicht ihr ganzes Haus, aber doch zumindest den Raum zu schmücken, in dem für sie und für ihr Hauswesen der feierliche Gottesdienst abgehalten wurde. So etwa die Sainte-Chapelle in Paris im Palast der Könige von Frankreich: ein Schrein, der bereitet wurde, um die Dornenkrone aufzunehmen, eine bedeutende Reliquie, die der heilige Ludwig sehr teuer erworben hatte. Zweifellos brach er ein paar Dornen ab, um sie verschiedenen religiösen Einrichtungen zu schenken. Aber den eigentlichen Gegenstand behielt er bei sich, in seinem privaten Gebetsraum aufbewahrt und von ausgesuchten Priestern verehrt, als Zeichen des Königtums, das er als ein unmittelbar von Christus, dem König, empfangenes beanspruchte. Der Wille nach Unabhängigkeit des Staats gegenüber dem kirchlichen Apparat findet in der

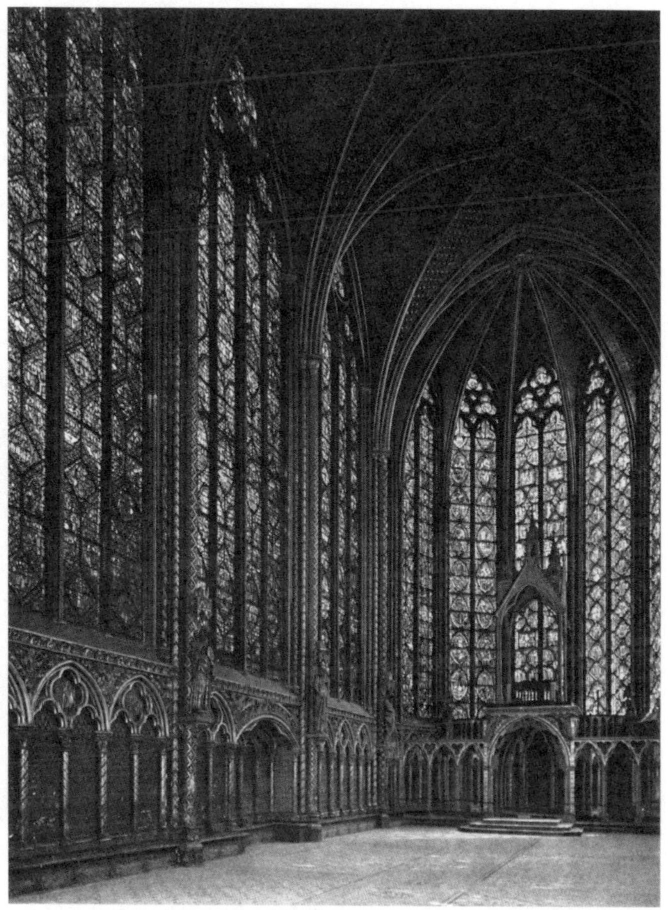

Die Wände der Sainte-Chapelle in Paris, 1246–1248, bestehen fast gänzlich aus farbigen Fenstern.

Kapelle seinen frühesten künstlerischen Ausdruck. Ein heiliger, aber häuslicher Raum.

Derartiges geschieht zumindest in jenen Gegenden Europas, wo die Souveräne sich völlig an die Gottesdienstordnungen der Kirche anschlossen und von fügsamen Prälaten umgeben lebten, deren Wahl sie begünstigt hatten. Weiter südlich zeigte sich der Widerstand in kühneren Formen. In der Tat hatte sich im Süden, wo sich die Häresie als langlebiger erwies und von einer weniger diffusen Zustimmung gestützt wurde, eine Unterscheidung zwischen Heiligem und Profanem herausgebildet, die bereits viel deutlicher war als in Paris, in Köln oder in Oxford. Im Süden hatte sich der Klerus schon seit je an dem gestoßen, was in Gedanken, Vertragsformeln, Frömmigkeit und sogar der Stadtlandschaft von einer aus dem römischen Altertum ererbten Kultur gegenwärtig geblieben war. Vor allem deswegen, weil dieser römische Bodensatz durch Einflüsse der arabischen Zivilisation und der jüdischen Überlieferungen sowie durch ein Ferment des Hellenismus neuerlich befruchtet worden war, seit die lateinische Christenheit einen Teil der islamisierten Provinzen zurückerobert hatte und seit sich die Verbindungen mit Byzanz und dem Nahen Osten verstärkt hatten. In Barcelona, Salerno, Pisa, Bologna und Montpellier bildete sich eine freimütige Trennung heraus zwischen der Theorie einerseits und dem konkreten, praktischen Wissen andererseits. Man studierte Arithmetik und Astronomie nicht allein, um die verborgenen Harmonien des Universums zu entdecken, sondern auch für eine bessere Buchführung oder um zum Nutzen der Politik Horoskope zu stellen. Medizin und landwirtschaftliche Studien genossen in diesen Städten denselben Rang wie in islamischen Ländern, und die Ausbildung, die die Staatsdiener erhielten, beruhte im wesentlichen auf den Disziplinen Recht, Rhetorik und Naturwissenschaften. So verhielt es sich beispielsweise in Kastilien und Sizilien: Die Fürsten, die man für ihre Frömmigkeit rühmte, wurden zugleich und vielleicht noch mehr für ihr Wissen gerühmt und für ihre Bemühungen, daß die Zierden des Geistes, der Sprache und der Architektur wohl der Verehrung Gottes, aber zu einem Teil auch dem Dienst an der Bürgerschaft geweiht würden.

In der zweiten Hälfte des 13. Jahrhunderts verlagern sich die lebendigen Kräfte Europas langsam in Richtung Italien. In der Toskana, in Umbrien, in der Romagna, der Lombardei und in

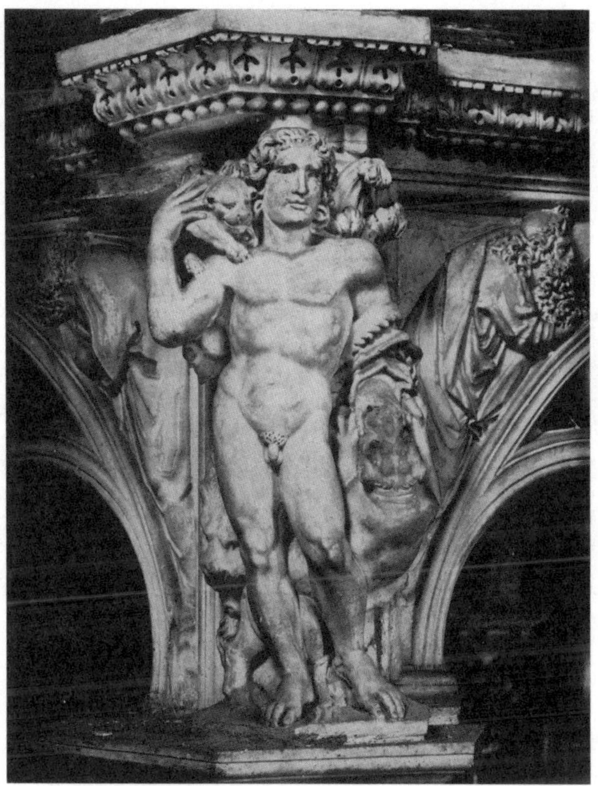

Niccolò Pisano, Fortitudo als Herkules,
Kanzel des Baptisteriums, Pisa, um 1260.
Die antiken Sarkophage in Pisa boten Vorbilder dafür, christliche Tugenden durch heidnisch-antike Gestalten verkörpern zu lassen.

den Gemeinden, in denen das römische Recht das Fundament der zivilen Institutionen bildete, sorgte der Bürgerstolz dafür, daß schmucke Bauten errichtet wurden, die Stadtarchitektur sich an der Antike orientierte, daß die Plätze gepflastert und mit schönen Brunnen geschmückt wurden und ein prächtiges Rathaus der Bürgerschaft zum Ruhm gereichte. Und wenn

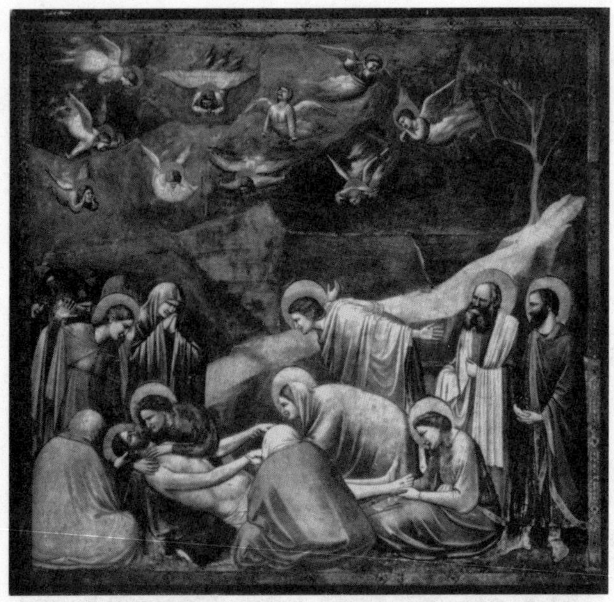

Giotto: Beweinung Christi, Arena-Kapelle, Padua, um 1305. Antike Ausdrucksgebärden, »Pathosformeln« der Klagenden, nahm Giotto in seinen Bilderzählungen wieder auf.

die Räte der Stadt beschlossen, das Baptisterium wiederaufzubauen, so geschah das nicht, um die Macht der Kirche zu erhöhen, sondern um das Symbol dieses Ideals von Eintracht und brüderlicher Solidarität zu errichten, auf das sich die Republik gründete. Nirgendwo jedoch war der Widerstand gegen den kirchlichen Einfluß lebhafter als im Süden der Halbinsel, in dem Königreich, das Friedrich von Hohenstaufen zur Basis des – wieder einmal – erneuerten Heiligen Römischen Reiches erklärte. Friedrich II. machte die Welt staunen, denn man hielt ihn für einen Kenner aller Religionen, der sich nicht nur über das göttliche Gesetz unterrichtete, sondern auch über die menschlichen Gesetze und die Naturgesetze, und weil er sich heftiger als jeder andere Herrscher gegen den Papst wandte. Der beschuldigte ihn zu Recht der Behauptung, »daß der Mensch nichts glauben solle, was nicht durch die Kraft der Vernunft und der Natur bewiesen sei«. Friedrich II. ehrte die Zisterzienser ebenso wie sein Vetter, der heilige Ludwig. Aber als er in Capua einen Triumphbogen errichten ließ, den er nach dem Vorbild des kaiserlichen Rom mit seiner eigenen Büste und mit der seiner wichtigsten Mitstreiter geschmückt haben wollte, legte er den Grundstein zu einer letzten, der großen Renaissance. Nur ein halbes Jahrhundert nach seinem Tod sieht man in Italien zu Beginn des 14. Jahrhunderts dann die ersten Knospen: in Dantes Werk und in dem der Bildhauerfamilie der Pisani. Und in Giottos Werk, der, wie seine unmittelbaren Nachfolger es ausdrücken werden, die franziskanische Malerei aus dem Griechischen ins Lateinische zurückführte und sie dadurch in den ersten Rang der Künste erhob.

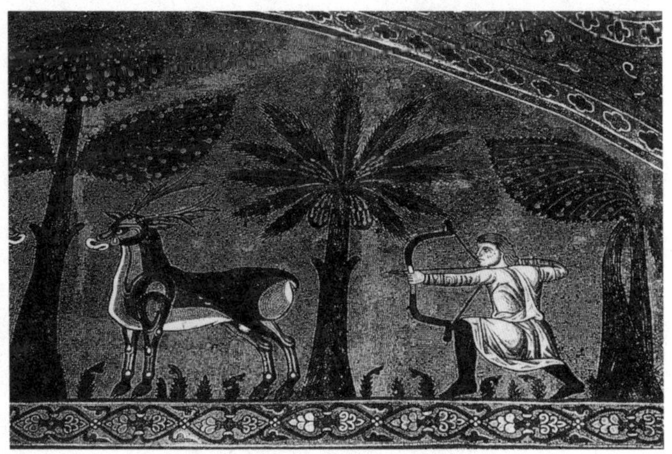

Mosaik: Die Jagd des edlen Ritters.
Königlicher Palast von Palermo, Mitte 12. Jahrhundert.

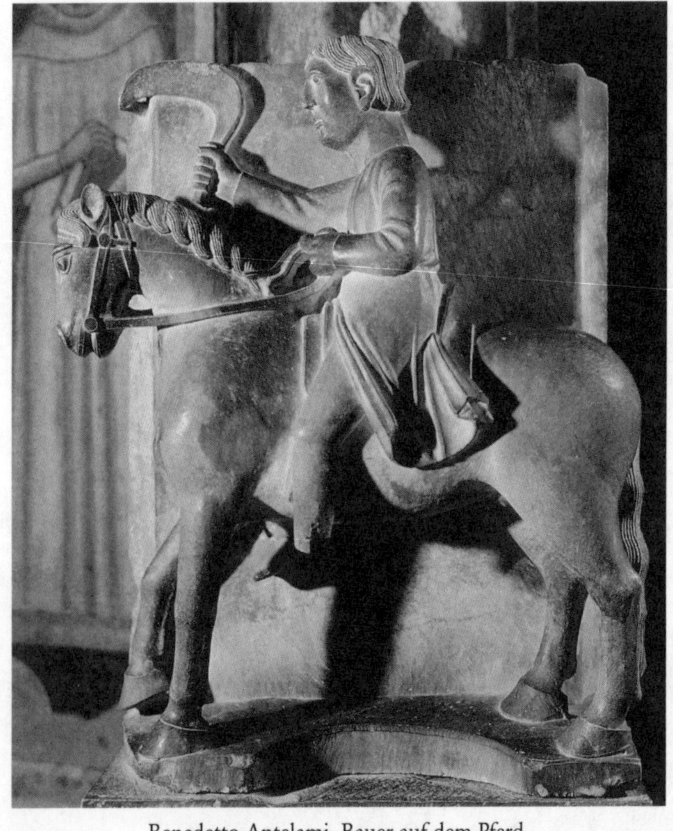

Benedetto Antelami, Bauer auf dem Pferd.
Parma, Baptisterium, um 1200.

1320–1400: Höfe und Städte

Die Historiker neigen dazu, das Frankreich des 14. Jahrhunderts in düsteren Farben zu malen. Die Urkunden, die sie benutzen, zeigen in der Tat überall Chaos und Elend, plündernde und verwüstende Kriegsleute, und die im Königreich angesammelten Reichtümer weckten die Begehrlichkeit. Zu jeder Gelegenheit kamen Abenteurer aus rauheren Gegenden, vor allem aus England, und zogen quer durch das Land, um alles mitzunehmen, was sich greifen ließ. Es ist ebenfalls richtig, daß die Last eines endlosen und diffusen Krieges in vielen Gegenden eine landwirtschaftliche Rezession verursachte. Der große Schwung, der seit Jahrhunderten das Ackerland vergrößert und die Erträge gesteigert hatte, war zu Ende. Jetzt dehnten sich die Felder auf Kosten der Brachen aus, und da die Bevölkerung weiterhin wuchs, stieg auch die Zahl der Bauern, die nicht mehr von ihrem Land leben konnten. Viele zogen in die Städte in der Hoffnung, dort Unterhalt zu finden. Hungrig drängten sie sich in den Vorstädten zusammen und begannen, den Reichen Angst zu machen. Schließlich wandten sich auch die Handelsströme vom französischen Raum ab, nicht nur wegen der militärischen Unsicherheit, sondern vor allem auch wegen einer Verbesserung der Verkehrstechniken, die es jetzt erlaubte, Waren aus Italien leichter nach England, Flandern und ins Baltikum zu schaffen, sei es auf dem Meer, sei es auf verbesserten Wegen über die Schweizer Alpen.

Die Mehrzahl der französischen Provinzen war also sehr verwundbar geworden, als zudem, nach sechshundert Jahren der Ruhe, 1348 die Pest wieder ausbrach. Genueser Schiffe hatten sie im Jahr zuvor vom Schwarzen Meer in die sizilianischen Häfen gebracht. Fast ganz Europa wurde betroffen. Die erste Attacke der Krankheit war fürchterlich, andere folgten in Abständen. Um 1400 hatte sich die Bevölkerung insgesamt um ein Drittel vermindert, in manchen Gegenden um mehr als die Hälfte. Ein derartiger Schock erklärt die Verwirrung, die sich aus vielen Indizien ergibt. Er erklärt das Aufflammen von Grausamkeit, die Massaker an Leprakranken und Juden, den tragischen Ausdruck, der viele Kunstwerke kennzeichnet. Er erklärt die plötzliche Unterbrechung der Arbeiten auf allen Baustellen, oder ihre Beendigung, die Erneuerung der Bautrupps und die daraus folgenden stilistischen Brüche, schließlich das spürbare Absinken des Geschmacks, das man dem Eindringen von Neulingen mit geringerer Bildung in die künstlerisch tätigen Milieus zuschreiben kann.

Freilich sollte man sich vor einem Übermaß an Pessimismus hüten. In Frankreich lag zweifellos vieles im argen. Aber England zog großen Gewinn aus den Plünderungen, die sein König und dessen Hauptleute auf dem Kontinent unternahmen, die landwirtschaftliche Kolonisierung östlich der Elbe wurde fortgesetzt, Süddeutschland und Böhmen wurden reich durch die Ausbeute der Bergwerke und die Metallbearbeitung, Spanien und Portugal durch die Abenteuer auf See und Italien durch Bankgeschäfte und die Nutzung der Reichtümer des Vorderen Orients. Wenn auch die allgemeine Katastrophe in der Mitte des Jahrhunderts das Wachstum kurzzeitig unterbrach, so setzte es danach an manchen Stellen mit größerer Lebhaftigkeit wieder ein. Übrigens waren die Wirkungen der Epidemie nicht alle negativ. Die Überlebenden der Schwarzen Pest fanden sich nach überstandener Prüfung in geringerer Zahl wieder, um sich den gleichen, wenn nicht größeren

Reichtum zu teilen, der in immer weiteren Teilen aus beweglichen Gütern bestand. Die Erschütterungen, die zu dieser Zeit Europa bewegten, führten sowohl zu einem Ansteigen des mittleren Lebensniveaus als auch durch die schnellere und ungeordnete Zirkulation des Geldes zu dessen Konzentration in wenigen Händen. Auch das Rad der Fortuna drehte sich schneller. Denn die Wirren boten die besten Chancen, sich mit Waffen, durch Handel oder Spekulation mit Edelmetallen und durch politische Intrigen zu bereichern. Geld verdiente man mühelos und gab es leicht aus. Sei es um sich freizukaufen, indem man einen Teil der übel erworbenen Güter für die Ausschmückung von Orten der Andacht verwandte, sei es, um einen Erfolg durch Prachtentfaltung zu feiern, sei es, um einem Geschmack am Lebensgenuß Genüge zu tun, den die Gegenwart eines heimtückischen Todes herausforderte. All das bewirkt, daß inmitten all der Verwüstungen und des Elends die Erzeugung von Kunstwerken nicht nachläßt, im Gegenteil. Nur seine Formen wandeln sich, durch die Einwirkung verschiedener, miteinander zusammenhängender Bewegungen.

Auf den ersten Blick scheint es, als ob sich der Anteil des Sakralen in der künstlerischen Produktion des 14. Jahrhunderts verringere. Der Hauptgrund für diesen scheinbaren Rückgang liegt darin, daß die profanen Schmuckstücke für Leib und Wohnung sich in viel größerer Zahl erhalten haben als in früheren Epochen. Sie wurden aus weniger vergänglichen Materialien gefertigt, die eine wohlhabendere Gesellschaft nun schon zu ihrem bloßen Vergnügen gebrauchen konnte. Eine andere Tatsache erklärt ebenso die Verweltlichung der großen Kunst: sie löste sich langsam aus der Bevormundung durch die Kirchenleute. Das heißt nicht, daß die Gläubigen sich weniger um das Übernatürliche sorgen, um die Gefahren, die nach dem Tod auf die sündigen Seelen lauern – und denen man am besten entging, indem man den Priestern Gehör schenkte, die Sakramente empfing und Almosen verteilte. Um sich darüber klarzuwerden, genügt es, die Testamente zu sichten und die Vermächtnisse zusammenzuzählen, die Reiche und weniger Reiche hinterließen und damit ihren Erben unerträgliche Kosten aufluden, um Tausende von Seelenmessen nach ihrem Tod zu ihrem Heil lesen zu lassen. Aber auch die Verinnerlichung des Christentums machte sich bemerkbar. Sie führte dazu, den kollektiven Liturgien die einsamen Gebete und Kasteiungen vorzuziehen. Sie rief zur Sühne auf, indem man Kranken und Armen ihre Not erleichterte und große Stiftungen für wohltätige Einrichtungen, besonders für Spitäler machte. Außerdem und vor allem wurde den religiösen Einrichtungen ein guter Teil des gemünzten Geldes, das sie früher hatten sammeln können, jetzt von den Herren der politischen Macht entzogen. Hier treffen wir auf einen wesentlichen Faktor: In dieser Zeit wurde in Europa ein Steuersystem geschaffen, das von nun an in der Lage war, in großem Umfang Geld in die Staatskassen zu ziehen. Diese Neuerung des 14. Jahrhunderts, die regelmäßige Steuer, gehört zu denen, die am stärksten auf die Geschichte der Künste wirkten.

Zweifellos war die größte und gierigste Macht die Kirche selbst, und die am besten gefüllten Truhen waren die der Päpste. Deshalb erfuhr die sakrale Kunst in den südlichen Provinzen Frankreichs, aus denen damals die Päpste und viele Kardinäle stammten, eine rasche Wiederbelebung. Aber die Gulden, die ihnen durch Vermittlung der toskanischen Bankiers zukamen, dienten ihnen vor allem dazu, die Zeichen der weltlichen Macht in ihrer Residenz in Avignon zur Schau zu stellen. Der Palast der Päpste, der sich zunächst auf ein schmuckloses Kloster beschränkte, gewann an Anmaßung und Prachtfülle. Gebieterische Mauern, ein Audienzsaal vom Ausmaß einer Kathedrale, ein weiträumiger Innenhof, den eine Loggia für die feierlichen Auftritte des Nachfolgers Petri überragte, schließlich Fresken an den Innenwänden, die man bei den berühmtesten Künstlern in Auftrag gab. Dazu kamen, als ebenso viele verkleinerte, aber nicht weniger komfortable und prächtige Nachbildungen der päpstlichen Behausung, die in der Stadt und ihrer Umgebung verstreuten »Livreen« der Kardinäle. Die Maßlosigkeit der Kosten war augenfällig; es gibt jedoch keine Anzeichen dafür, daß solche Ausgaben im Schoß

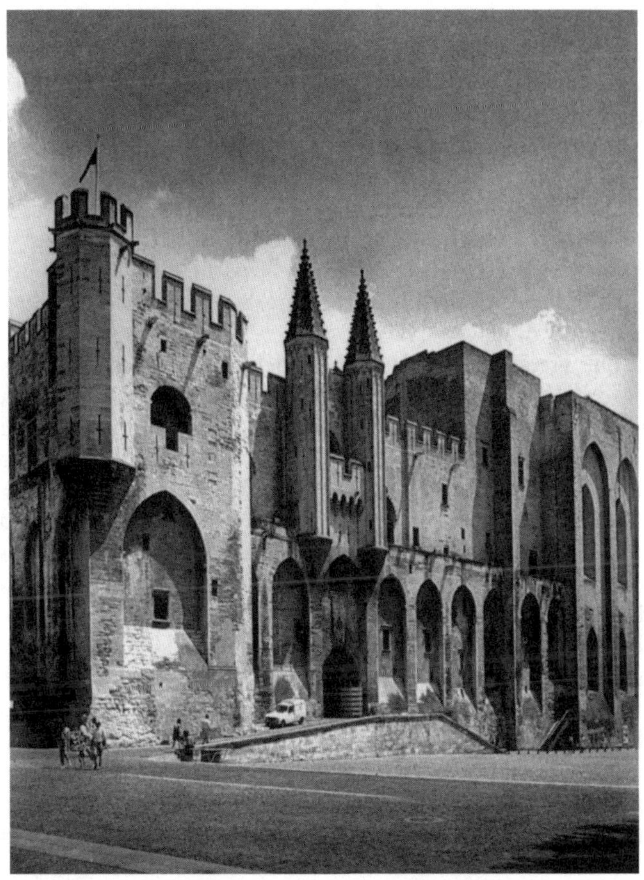

Avignon, Palast der Päpste: Die »babylonische Gefangenschaft« der Kirche in Avignon hinderte Päpste und Kardinäle nicht daran, weltliche Pracht zu entfalten.

der Kurie zu größerer Zurückhaltung geführt hätten, und auch die englischen Prälaten schreckten nicht davor zurück, ihre Residenz ebenso großartig zu bauen. Den führenden Männern der Kirche erschien es vollkommen legitim und notwendig, sich ebenso prunkvoll wie die Könige und Söldnerführer zu zeigen. Sie gewöhnten sich daran, klar zwischen dem zu trennen, was sie Gott schuldeten, und dem, was sie zu ihrem eigenen Ruhm beanspruchten. An diesem Punkt zeichnet sich eine Veränderung in der Auffassung der Menschen von der Welt ab. Im 14. Jahrhundert bildete sich eine Unterscheidung zwischen den irdischen Dingen und denen des Himmels heraus, eine Unterscheidung, die man für eines der wichtigsten Fundamente der entstehenden europäischen Zivilisation halten kann und zweifellos für eine der solidesten Stützen ihrer späteren Erfolge.

Die Trennlinie zwischen dem Heiligen und dem Profanen wurde bereits in der Mitte des 13. Jahrhunderts gezogen. Nicht allein in den Städten Südeuropas. In Paris wurden viele der Diener des Königs und viele Lehrer an der Universität, wo man die theokratische Ideologie formte, gewahr, daß man unmöglich das Dogma mit der Vernunft versöhnen könne, und beurteilten deswegen das Unternehmen Thomas von Aquins als eitel und verdammenswert. Und es wurde verdammt: Nach dem Jahr 1300 gründeten die gelehrten Franziskaner Duns Scotus und William von Ockham ihren Unterricht auf die unvermeidbare Trennung. Auf der einen Seite findet sich das, was den Glauben und die persönliche Andacht betrifft, das Feld der Frömmigkeit der Herzenserhebungen und in gewissem Sinne auch das des Immateriellen. Auf der anderen stehen die Sinneswahrnehmungen, die Welt, in der man lebt, das Geschaffene, ein autonomer Raum, den genau zu studieren der Mensch verpflichtet ist, um ihn besser beherrschen zu können. Dieser zweite Bereich ist der der Beobachtung, der Sinneserfahrung und der logischen Schlußfolgerung. Ihn frei zu erforschen ist der Mensch berufen, indem er von allen geistigen und sinnlichen Fähigkeiten Gebrauch macht, mit denen Gott ihn ausgestattet hat. Besonders der Fürst ist dazu berufen, der die Aufgabe hat, Ordnung und Gerechtigkeit auf Erden zu erhalten. Um gut zu regieren, möge er sich an die Worte der Philosophen halten, an die *Politik* des Aristoteles. Die Gelehrten verfaßten zum Gebrauch des Fürsten Anwendungen auf den jeweiligen Fall.

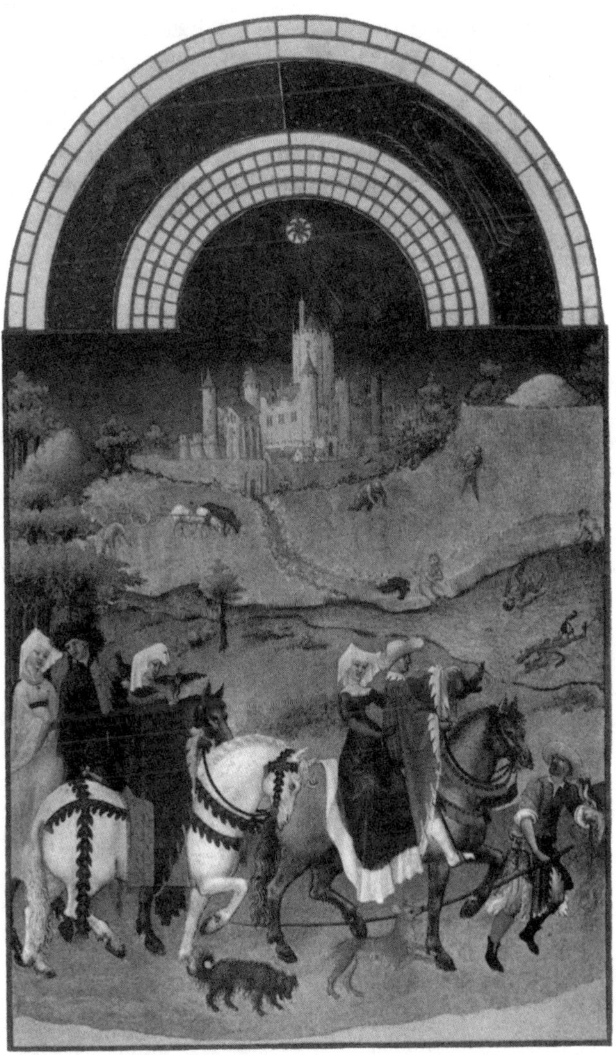

Der Monat August aus dem Stundenbuch der Brüder von Limburg für den Herzog von Berry, 1411/16: Unterhalb des Schlosses wird der Weizen geerntet, Landleute baden im Fluß, während die höfische Gesellschaft zur Falkenjagd auszieht.

Die Lehrsätze der Theologen faßten hier lediglich das zusammen, was sich nach der Auffassung einer großen Anzahl von Menschen bereits von selbst verstand. Diese Lehrsätze antworteten auf die Erwartungen einer Gesellschaft, die überrollt wurde von der Ökonomie des Marktes, von der Ausdehnung der Grenzen der bekannten Welt, von der Entdeckung der Seltsamkeiten der Natur, und besonders antworteten sie auf die Erwartungen all derer, die sich, im Bewußtsein der Unsicherheit des Lebens, in den Genuß der Macht und des Reichtums stürzten. Die Neigung zum Realismus, die sich das ganze Jahrhundert hindurch im Werk der Maler und Bildhauer behauptet, und das Bemühen, das Sichtbare auf genauere Weise darzustellen, sind nicht ohne Beziehung zu dem mehr oder weniger bewußten Willen, einen Freiraum aus der Herrschaft des Sakralen herauszulösen und ihn deutlich abzugrenzen. Was Duns Scotus oder William von Ockham lehrten, steht jedenfalls in engem Verhältnis zur Stärkung des Staates, von dem in dieser Zeit die größten und kühnsten künstlerischen Begabungen abhingen.

Auf den Miniaturen, die den Kalender im Stundenbuch des Herzogs von Berry, den *Très Riches Heures*, illustrieren, entdeckt man im Hintergrund aller Landschaften die Silhouette eines Schlosses, das manchmal von einem Wunderwerk aus Türmchen bekrönt ist. Der Fürst, für den die Brüder von Limburg den Auftrag ausführten, forderte, daß die Sinnbilder seiner Herrschaft und seiner Macht, Steuern zu erheben, deutlich sichtbar seien, aber auch das Bild der Vergnügungen, welche auszustreuen eine gute Regierung sich schuldig war und die er selbst freigebig unter seine Hofleute verteilte. Um 1400 arbeiten die bedeutendsten Künstler für die Paläste. Der Palast der Päpste, die Paläste der Bischöfe und Äbte, der Palazzo comunale in Gubbio und in Siena oder auch, wie in Ypern, ein Palast der Kaufleute als Markthalle. Paläste der Söldnerführer und der Bankiers, die sich zu dieser Zeit in den italienischen Städten der Herrschaft, *Signoria*, bemächtigen. Noch häufiger sind es die Paläste der Monarchen, der Könige und Königssöhne, der Brüder und Vettern von Königen, die jetzt einen Teil

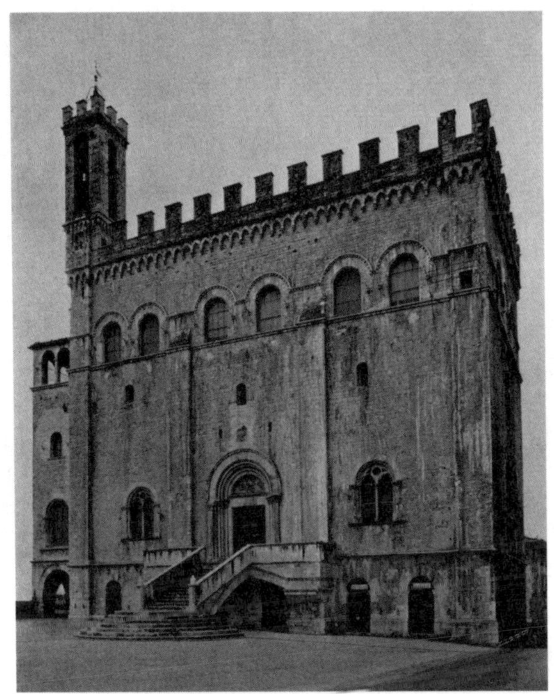

Der Palazzo comunale in Gubbio (Umbrien):
Das Selbstbewußtsein der Gemeinden
spiegelt sich in den Rathäusern.

des Erbes ihrer Ahnen als Apanage erhalten, also finanzielle Mittel, die sie unter dem Vorwand, sie müßten standesgemäß leben, mit vollen Händen ausgeben.

Über die Stellung des Malers, des Bildhauers und des Architekten im 14. Jahrhundert weiß man wenig, kaum mehr als für die früheren Zeiten. Wohl weiß man, daß Giotto nicht unbemittelt war. Aber war er deshalb gegenüber seinen Auftraggebern freier? Nichts erlaubt uns zu behaupten, daß der den Hofkünstlern der Valois oder der Visconti zugestandene Anteil

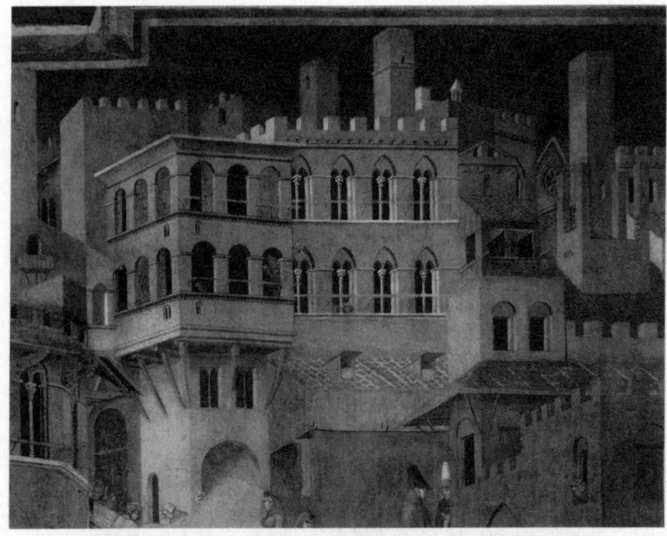

Ambrogio Lorenzetti, Die Stadt unter der Guten Regierung, Siena, Palazzo comunale, um 1340: Die Städte als Zentren von Kunst und Gewerbe, Fernhandel und Bankwesen.

an Freiheit am Ende des 14. Jahrhunderts merklich größer geworden sei. Es haben sich einige Dokumente erhalten, die die Beziehungen zwischen dem Auftraggeber und dem Künstler klären. Es handelt sich um Verträge, die vor einem Notar abgeschlossen wurden. Darin verpflichtet sich der Künstler, Vereinbarungen einzuhalten, die nicht nur seine Entlohnung und die Qualität des zu verwendenden Materials festlegen, sondern bis in die Einzelheiten die Art, wie er das Thema zu entwickeln habe. Jedoch wiegt der Eindruck vor, daß es sich jetzt um eine Abmachung zwischen zwei Individuen handelt. Selbst im Fall eines öffentlichen Auftrags entsprach der Entwurf meistens dem förmlichen Willen einer Person. Demgegenüber behielt sich eine andere Person, der Architekt, Bildhauer, Maler oder Goldschmied, die Möglichkeit vor – und das in großem Umfang, wenn sein Ansehen so bedeutend war wie das eines Matteo da Viterbo –, den Vorschlag auszugestalten und dem Werk den Charakter seiner eigenen Sensibilität und seiner eigenen Bildung aufzuprägen. Daran wird erkennbar, wie sich unmerklich die Autonomie des Künstlers innerhalb einer ganz vom Aufstieg des Individualismus durchdrungenen Gesellschaft durchsetzt.

Die Lockerung der Zwänge, die die individuellen Initiativen gezügelt hatten, wurde ebenso weitgehend durch das Vordringen des Geldwesens und die allgemeine wirtschaftliche Entspannung begünstigt wie durch die Predigten der Bettelmönche, denn auch sie ermahnten jeden Gläubigen, sich allein in seinem Kämmerlein wie ein Einsiedler dem Strömen der mystischen Liebe hinzugeben und eine persönliche Beziehung mit dem Heiligen Geist zu suchen. Es geschah alles so, als ob sich die Vorhersagen des Joachim von Fiore verwirklichten. Der kalabresische Eremit hatte für das Jahr 1260 den Eintritt der Heilsgeschichte in ein drittes, unter der Herrschaft des Heiligen Geistes stehendes Zeitalter verkündet. Tatsächlich nahm die dritte Person der Dreieinigkeit jetzt einen größeren Platz in der Frömmigkeit ein und verdrängte nach und nach den Priester aus seiner Mittlerfunktion zwischen der individuellen Seele und dem Unsichtbaren. Damit verwischte sich unmerklich die Grenze zwischen der Laienfrömmigkeit der *Devotio moderna* und der Häresie. Ein Schritt weiter auf diesem Weg genügte, sich allzu offen gegen die klerikale Kontrolle aufzulehnen oder ganz einfach durch einen unglücklichen Zufall vor eine weniger laxe Inquisition zu geraten, und schon wurde man verurteilt. Am Anfang des Jahrhunderts, als man auch die Tempelritter verbrannte, mußte Margareta Porete, eine Begine aus Valenciennes, in Paris den Scheiterhaufen besteigen. Aber viele Christen hielten wie sie die Sehnsucht der frommen Seelen, sich in ein liebevolles Zwiegespräch mit Gott zurückzuziehen, für lobenswert.

Der Anteil des Sakralen in der Kunst des 14. Jahrhunderts überwiegt noch. In der Mehrzahl sind die Kunstwerke immer noch Stiftungen und sollen dem Gläubigen helfen, mit dem Unsichtbaren in Verbindung zu treten. Die neuen Formen der

Andacht neigen übrigens dazu, dieser vermittelnden Funktion eine größere Bedeutung zu verleihen. In dieser Zeit vollendet sich eine Phase des europäischen Denkens, die mit Anselm von Canterbury eröffnet worden war, der am Ende des 11. Jahrhunderts verkündet hatte, *fides quaerens intellectum*, daß der Glaube auch Vernunft sein müsse. Von jetzt an verliert die rationale Strenge ihr Recht im Bereich des Glaubens. Der Glaube wird zu einer Sache des Herzens, einer Sache von Gefühlsbeziehungen. Wie in der ritterlichen Kultur und der höfischen Poesie entsteht die Liebe aus einem Blick, das Herz entflammt beim Anblick der Geliebten. Im 12. und 13. Jahrhundert dachte man sich die Beziehung zum Göttlichen in der Form eines Lichtstrahls. Das konkretere 14. Jahrhundert sieht die Liebe durch einen Blickwechsel zwischen zwei Personen entstehen und fortdauern. So überträgt sich die Gnade, so wird die Glut erhalten. Das führt dazu, daß sich in dieser Zeit die Geste der Erhebung, des Hochhebens der Hostie für die Betrachtung eines jeden Gläubigen durchsetzt (und dafür werden die Glasfenster lichter, damit der Blick im Inneren der Kirche klarer wird). Man begreift daher, daß die Rolle des Andachtsbildes vor den Augen des Betenden bedeutungsvoller wird: ebenso wie eine Reliquie ist das Bild eine Quelle des Segens. Man begreift, daß nun jeder den Wunsch hatte, über Bilder zu seinem Gebrauch zu verfügen, um daraus jederzeit Kraft und Trost zu schöpfen. Und man begreift ebenso, daß das Kunstwerk im Dienst einer zunehmend einsamen Andacht nicht lediglich versucht, die ausdrucksvollen Züge des abwesenden Partners des mystischen Zwiegesprächs getreu darzustellen, sondern daß sie dazu neigt, Gegenstand persönlicher Aneignung zu werden. So wie das Prunkgewand, wie die Erzeugnisse der weltlichen Kunst. Natürlich gibt es daneben immer noch große Unternehmungen. Zweifellos sieht man nach wie vor große kollektive Bauwerke entstehen, vor allem Kirchen für die Predigerorden und die Minoriten, in denen nun übergroße Flügelaltäre aufgestellt werden. Zweifellos wird auch die Kathedrale weiter ausgeschmückt; die Skulptur dringt in ihr Inneres; sie bevölkert die äußeren Wände des Lettners mit anschaulichen Bildern. Die

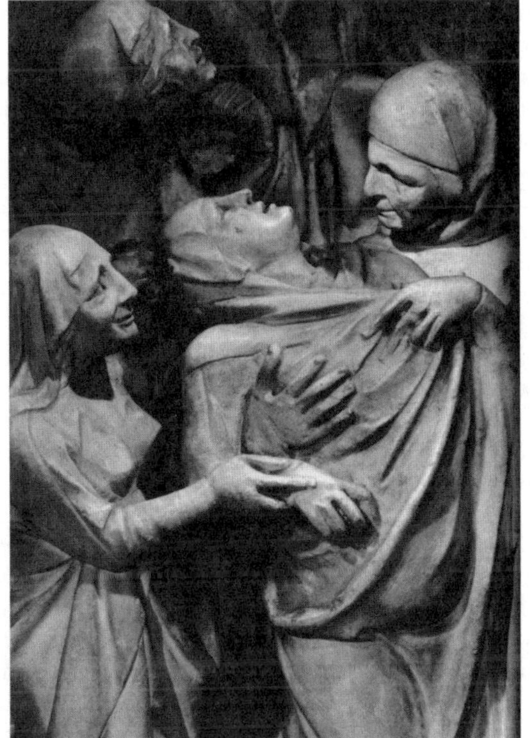

Giovanni Pisano, Ausschnitt aus der Kreuzigung der Kanzel von Sant'Andrea in Pistoia, um 1300: Leiden in einer Welt von Haß und Gewalt in zuvor unerhörtem Ausdruck.

Künstler arbeiten jetzt vor allem im privaten Auftrag oder für den Handel.

Bezeichnend ist das Auftreten der ersten unbestreitbaren Sammlerpersönlichkeiten zu dieser Zeit. So der französische König Karl V. und sein Bruder Jean de Berry. Freilich offensichtlich Extremfälle: sie verfügten über ungeheure Mittel. Was uns hier aber berührt, ist ihre manische Leidenschaft, ihr

Geschmack daran, geschnittene Edelsteine und Medaillen zu betasten, in kostbaren Büchern zu blättern, deren Illustrationen man verschiedenen berühmten Künstlern anvertraute: sie sind Vorläufer der großen fürstlichen Bildersammlungen des Barock und der modernen Privatsammlungen. Bezeichnend sind dabei einerseits die hartnäckige Suche nach Ähnlichkeit beim Porträt und andererseits die Zeichen des Besitzers, Wappen und Devisen, welche die meisten Werke aus dieser Zeit tragen. Wer etwas von seinem Reichtum abschöpfte, um einen Reliquienschrein, ein Kirchenfenster, ein Grabmal oder ein Altarbild fertigen zu lassen, und den Künstlern dafür strikte Weisungen erteilte, wollte auch auf den ersten Blick und bis ans Ende der Zeiten als Stifter dieses Werks erkannt werden. Genauso, wie er veranlaßte, daß sein Name, sein persönlicher Name, immerwährend im Laufe der von ihm bezahlten Seelenmessen ausgesprochen werde.

Wenn der einzelne vom Kunstwerk derart Besitz ergreift, folgt daraus, daß dessen Abmessungen geringer werden. Die Hauptwerke des 11., 12. und 13. Jahrhunderts sieht man heute im Freien oder in frei zugänglichen Räumen. Es sind Bauwerke. Sie wurden für große Gemeinschaften entworfen und ausgeführt. Die Kunst des 14. Jahrhunderts dagegen entdeckt man eher im Museum und dort in Vitrinen, und diese Entwicklung allein zeigt deutlich die Wendung der künstlerischen Produktion zum Privaten und zum Individuellen. Zweifellos sind manche der ausgestellten Gegenstände einzelne, aus einer Predella gelöste Bildtafeln oder Bruchstücke, die man einem zusammenhängenden Ganzen entnommen hat (was übrigens oft das Erkennen der Bedeutung und der wahren Funktion erschwert). Aber auch unter den vollständigen und den komplexesten Werken wie etwa den Altaraufsätzen, bei denen die Arbeit des Bildhauers, des Goldschmieds und des Malers zusammenwirkten, sind beinahe alle nur von mittlerer Größe, so daß man sie in die engen Zellen bringen konnte, in die sich der Fromme zurückzog, oder sie gar auf eine Reise mitnehmen konnte. Manche der winzigen Werke ließen sich von ihrem Besitzer sogar in der geschlossenen Faust halten.

Auch wenn man Gott und seinen Heiligen ganz offensichtlich auch weiterhin zuallererst dient, so dient man ihnen doch auf andere Weise. Im 11. Jahrhundert leistete die sakrale Kunst ihr Höchstes im Kloster. Zu Beginn des 13. Jahrhunderts tat sie das in der Kathedrale. Das charakteristische sakrale Kunstwerk des 14. Jahrhunderts ist die Kapelle. Kapellen werden gegründet, erbaut, ausgeschmückt und unterhalten von Personen oder kleinen Gruppen, die die Verwandtschaft, eine Vereinigung oder geistliche Bruderschaft versammeln, sie werden von einem vom Hausherrn bezahlten und rekrutierten privaten Klerus bedient und sind geschlossene oder zumindest von einer imaginären Umfriedung klar begrenzte Refugien. Als Raum der inneren Sammlung, der Gewissenserforschung und des heimlichen Gebets entsprechen sie den Forderungen einer abgeschlossenen, egoistischen und gefühlsbezogenen religiösen Praxis. Viele sind integriert in den Familiensitz, wie es die Sainte-Chapelle Ludwigs des Heiligen war und wie es auf dem Karlstein ganz oben im Gebäude das Oratorium war, in dem sich Kaiser Karl IV. vor den Reliquiaren verneigte. Andere erheben sich in dem Stadtviertel oder der Straße, wo die Bruderschaft ihren Sitz hat. Viele werden nach und nach, eine neben der anderen, an den Seiten und um die Apsis der Kirche errichtet. Aber manche sind auch beweglich wie diejenigen, die der Reisende unterwegs im Zeltlager oder auf dem Pilgerpfad aufbaut, samt einem kleinen, tragbaren Altar. Und schließlich gibt es sehr bescheidene, denn um aus dem Winkel einer Hütte eine Kapelle zu machen, genügt ein Gegenstand, ein einfaches Bild.

Tatsächlich zählt die Architektur der Kapelle viel weniger als das, was sie enthält. Gegenstände. Kunstgegenstände, die in Auftrag gegeben oder immer häufiger aus der Auslage gekauft werden. Es sind Schachteln, die Reliquien umschließen: Die Popularisierung des Christentums erhält und fördert die Verehrung der heiligen Leichname; Arme und Reiche wollen wie in den Zeiten Wilhelms des Eroberers einige dieser Überbleibsel besitzen, sie bei sich führen, sie betasten und sie auf dem Leibe tragen. Das können auch Bücher, Psalter, Stundenbücher sein – das Buch ist allein für sich schon eine Art Kapelle, die intimste und alltäglichste und das wichtigste Instrument einer Begegnung, eines persönlichen Zwiegesprächs mit dem Allmächtigen. Das Buch umschließt in der Tat die Worte für diesen Dialog. Die Gläubigen sind aufgefordert, sie zu lesen, und immer zahlreicher werden die, die sie entziffern können. Das Buch enthält auch Bilder. So wie es vor allem Bilder sind, die die Kapellen bevölkern.

Diese Bilder belehren: Sie erzählen, wie es öffentlich die Statuen der Kathedralen tun, das Leben Christi, das der Heiligen Jungfrau und der Heiligen. Diese Bilder mahnen: Sie erinnern daran, daß der Tod unvorhersehbar lauert, daß man immer bereit sein muß, und sie zeigen die Gefahren für diejenigen, die es nicht sind. Die Angst, ungut zu sterben, nicht angemessen vorbereitet, durch Buße von seinen Sünden gereinigt und mit den guten Werken als Schutzwehr gegen die Verdammnis versehen, quält dieses neue Christentum, und im Zusammenhang mit Jesus und den Märtyrern vermehren sich die Darstellungen des Sterbens, erweitern sich und werden in den Einzelheiten deutlicher. Die Bilder trösten auch; sie zeigen die Zuflucht, den schützenden Mantel, mit dem die Gottesmutter diejenigen umhüllt, die sie lieben. Und die Funktion der Bilder, aller Bilder, seien sie auf die Seiten der Bücher gemalt, auf die Wände der Kapellen oder auf die Altartafeln, oder in das Elfenbein der Diptychen geschnitzt, die man mit sich führt: die Funktion dieser Bilder und Figürchen, die unsichtbare Wesen darstellen, die man fürchten oder schätzen muß, ist es, den Empfindsamen zu rühren, heiligen Schrecken und Reue zu erwecken. Zu rühren. Daher, vom Auslöschen der Rationalität, vom Eindringen des Affektiven ins Gebiet der Religion stammt der Spannungsabfall, den man in der sakralen Kunst beobachtet. Dieser Verlust an Haltung, dieses Zurückfallen in die Künstelei oder auch ins Expressive, das Abgleiten ins Süßliche und parallel dazu ins Übersteigerte, all dies liegt nicht allein am Durcheinanderwürfeln der weltlichen Gesellschaft und dem Hereindrängen von Emporkömmlingen. Es liegt auch nicht daran, daß die robusteren Erzeugnisse zweiter Wahl, die für weniger feine Auftraggeber bestimmt waren, besser als zu früheren Zeiten überlebt haben und ein größeres Terrain einnehmen. Sondern es folgt aus dem Auftrag, den der Gegenstand der Andacht erfüllen soll: der inbrünstigen Seele mit allen Mitteln, auch den naivsten und den brutalsten, zu helfen, zur Entdeckung jenes *Grundes* vorzudringen, von dem Meister Eckhart spricht, der geheimnisvollen und nächtlichen Tiefe, wo das liegt, was den Gläubigen unmittelbar und ohne priesterliche Vermittlung mit dem göttlichen Wesen verbindet.

Der andere für die Kunst des 14. Jahrhunderts charakteristische Gegenstand ist das Grabmal, das übrigens oft selbst in der Kapelle errichtet wird, und das, auch wenn es noch zum Sakralen gehört, doch schon zum Profanen neigt. Die Toten leben. Aber wo sind sie? Was wünschen sie? Wie kann man ihnen helfen und sie daran hindern, zu schaden? Was werde ich nach meinem Tode sein? Solche Fragen beschäftigen das Christentum über das ganze Mittelalter. So beruhte der Erfolg der Cluniazenser zu einem guten Teil auf den Diensten, die sie den Sterbenden zu leisten wußten. Im 14. Jahrhundert zählen die Begräbnisse (wie schon um das Jahr 1000) zu den größeren Festen, durch die sich der Zusammenhalt des gesellschaftlichen Gefüges wiederherstellt. Wenn sie vollkommen gelungen sind, wenn der Tote sich ausgiebig inmitten aller seiner Lieben vorbereiten und ihnen in einer letzten Ansprache die Botschaft seiner Erfahrung mitteilen konnte, wird sein Eintritt in das andere Leben prunkvoll in einer Mischung aus Trauer und Freude gefeiert. Um den Katafalk, auf dem sein Leichnam noch einmal zur Schau gestellt wird, nehmen seine Verwandtschaft, die Freunde und in einiger Entfernung die von überall herbeigelaufenen Armen an einem Mahl teil, dem er ein letztes Mal vorsitzt und zu dem er einlädt, wie er es so oft in seinem Leben getan hat. Seit das Grabdenkmal mit figürlichem Schmuck ausgestattet wird, greifen diese Darstellungen die Erinnerung an den Ritus des Übergangs auf, an den Augenblick, da der Erstarrte von dieser Welt in die andere geht. Wie bescheiden die Ruhestätte auch sein mag, die Zeichen auf diesem Grabmal beschwören einen triumphalen Übergang. Sie

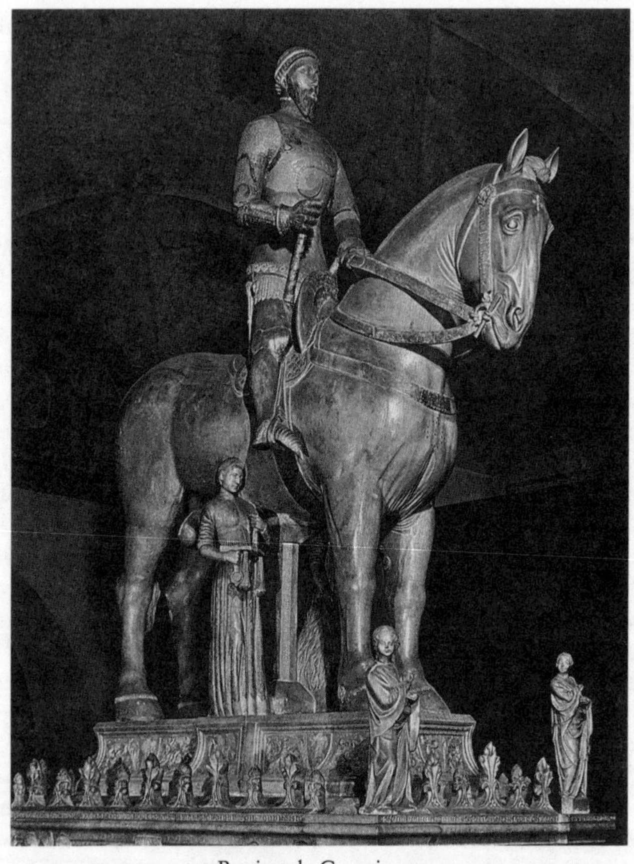

Bonino da Campione,
Marmorgrabmal des Mailänder Herzogs Bernabò Visconti,
Mailand, Castello Sforzesco, um 1370.

erinnern auch an den Leichnam, dessen Reste hier ruhen in der Erwartung der Auferstehung am Jüngsten Tage.

In dieser Zeit muß man wirklich arm sein, um nicht von einem Grabmal zu träumen. Der Platz dafür wird aufmerksam und ausdrücklich ausgewählt. Alles opfert man dafür, daß er in einem vom Himmel mit seiner Gnade begünstigten Raum errichtet und daß er verziert werde. Man kann sich vorstellen, daß bei weitem die meisten Aufträge an Künstler jetzt die Grabstätte betreffen, und es sind von allen die persönlichsten. An diesem Grabmal ein sichtbares Zeichen zu hinterlassen, um sich denen, die es sehen, in Erinnerung zu rufen, darauf nicht nur seinen Namen, sondern seine leibliche Gestalt zu zeichnen und darauf zu achten, daß man dieses Bildnis erkennt, selbst wenn es sich nur um die Silhouette handelt, die mit einer einfachen Linie in die Grabplatte graviert wird, macht die Aneignung des Kunstwerks so deutlich wie nirgendwo sonst. Und auch sein Abgleiten ins Profane, ins Fleischliche. Denn das Grab enthält nur den vergänglichen Teil des Wesens. Die Seele hat sich davon getrennt. Gewiß wird sie nicht vergessen. Man weiß, daß sie, unvermeidbar, leidet. Eine Inschrift ruft

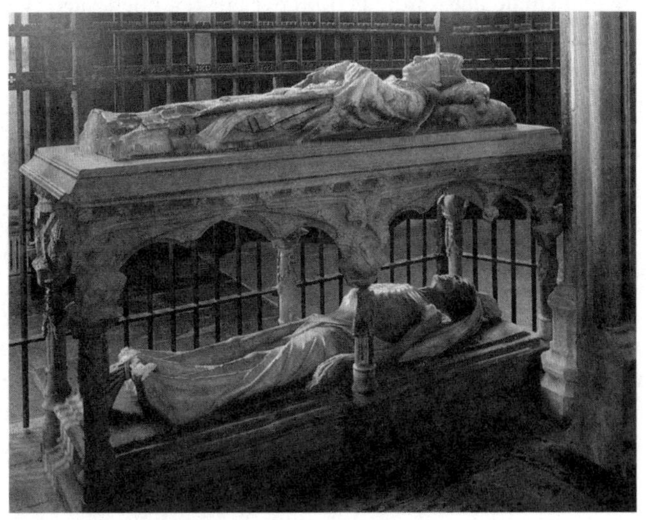

Grabmäler stellten den Verstorbenen oft zweifach dar: wie er im Leben war (au vif) und in Verwesung (transi), hier am Grabmal des Thomas Beckington in der Kathedrale von Wells, um 1465.

deshalb dazu auf, für sie zu beten. Trotzdem wird an erster Stelle das Leibliche erhöht, und die Grabskulptur und -malerei, die sich im 14. Jahrhundert entfalten, genügen tatsächlich dem Wunsch, gegenwärtig zu bleiben, hier unten zumindest im Bilde zu überleben. Sie zeugen von einer verzweifelten Anhänglichkeit an die irdischen Güter und von einem unbewußten Widerstand gegen die Ermahnungen der franziskanischen Prediger, die im Gegenteil zum Verzicht aufriefen und zur Versenkung in geistliche Inbrunst. In der Kunst der Gräber drückt sich eine Revanche des menschlichen Hochmuts aus und die Behauptung der Macht, die der Mensch in dieser Welt beansprucht. Vor allem die der politischen Macht. All die Pracht und die Talente, die sich einst ausschließlich der Verherrlichung der Majestät Gottes widmeten, aller Reichtum, den man dem Schmuck seiner Altäre und der Vorhallen seines Hauses weihte, werden am Ende des 14. Jahrhunderts auf die Grabdenkmale der Kardinäle und der Fürsten übertragen. Vor allem bei denen, deren Macht sehr neu ist. Das war der Fall bei den »Tyrannen« von Mailand und von Verona. Sie ließen sich als herrliche heroisierte Reiter darstellen, als Nachfahren des Marc Aurel, und als ob sie die unterworfene Stadt noch über den Tod hinaus unter ihrer Gewalt halten könnten.

Die großen Herren sind von nun an überzeugt, daß es ihnen erlaubt, mehr noch, daß es notwendig sei, sich nicht lediglich um ihre Seele zu sorgen, sondern auch um den großen Bereich dessen, was nicht das Dogma und die Andacht betrifft. Dafür geben sie viel aus und beschäftigen die angesehensten Künstler, damit die Räume, in denen sie ihre Freunde mit der Überfülle von Vergnügungen bewirten und von denen das Volk weiß, daß in ihnen über sein Wohl gewacht und die Eintracht bewahrt wird, so prachtvoll seien, wie es ihrem Ruhm angemessen ist. Die Feudalherren, immer unterwegs, waren bis dahin Freiluftmenschen gewesen, die nur vorübergehend in geschlossenen Räumen lebten oder wenn die Unbilden des Wetters sie dazu zwangen. Ihr Haus war ein ungewisser Zufluchtsort. Im 14. Jahrhundert beginnt das Haus zu einer Bleibe zu werden. Die offenen Flächen, Blumen-, Kraut- und

Obstgärten nehmen noch einen großen Teil davon ein. Aber man pflegt sie jetzt sorgfältiger. Nach Art der Herrscher, deren Luxus die aus dem Orient heimkehrenden Reisenden rühmen, zeigen die sehr Reichen ihren Gästen fremdartige Tiere. Und vor allem begnügen sie sich nicht mehr mit weiten, gedeckten Räumen, wie man sie in den vorangegangenen Jahrhunderten, im Palast der Grafen von Poitiers zum Beispiel oder in dem des Erzbischofs Gelmírez in Santiago de Compostela, gebaut hatte. Der Geschmack zielt jetzt darauf, in kleinen geschlossenen Räumen zu leben. Die Kamine an der Wand und die großen Kerzenleuchter, die sich in den Innenräumen verbreiten, helfen dabei, sich besser gegen die Unbilden der Natur zu verteidigen, und das gesellige Leben setzt sich bis lange nach Sonnenuntergang fort. Der Herr liebt es, seine vertrauten Räume zu schmücken, wie er seine Kapelle schmückt, und die kostbarsten Dinge versammelt er in den großen Sälen, wo sich um ihn herum die Zeremonien der Gastfreundschaft abspielen. Vom Schmuck der Innenräume ist heute fast alles verschwunden, von der Zeit verstreut und durch spätere Umbauten ausgelöscht. Aber das wenige, was erhalten ist – einige Bruchstücke von Wandfresken, Tafelschmuck, Gobelins, die die großen Fürsten von einem ihrer Schlösser ins andere mitnahmen, und vor allem das, was die Illustrationen der prächtigsten Handschriften von ihren Innenräumen zeigen, als die Maler in ihrem Dienst um das Jahr 1400 die Wirklichkeit minutiös darzustellen beginnen –, läßt völlig deutlich werden, daß die herrschende Gesellschaft die Orte ihrer Begegnungen mit Zierat überhäufte und einen großen Teil ihrer Reichtümer einzig ihrem Vergnügen, ihren Träumen und ihrer feierlichen Selbstdarstellung opferte.

»Die Ritter unserer Zeit«, liest man im *Songe du Verger*, »lassen ihren Saal mit Kämpfen zu Fuß und zu Pferde ausmalen, damit sie durch den Anblick Freude an einfallsreichen Kämpfen gewinnen.« Eine Unterhaltung, ein Ausweichen ins Imaginäre erwartete die ritterliche Gesellschaft des 12. Jahrhunderts von ihren Dichtern; jetzt erwarten die Gruppen eleganter Edelfräulein und Ritter etwas anderes von den Künstlern:

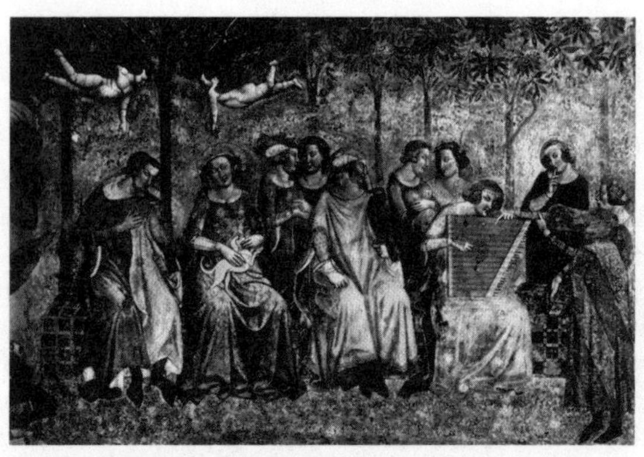

Aus dem Camposanto in Pisa, um 1340:
Die höfische Gesellschaft genießt im Garten bei Musik das Leben;
über ihr schweben die Engel des Todes.

Der *Decamerone* und die Fresken im Camposanto von Pisa setzen sie in Szene, wie sie in anmutigen Lauben lagern und sich von den Launen der Natur bezaubern lassen, während um ihr Refugium herum die Pest wütet; dem Anschein nach unbekümmert, quält sie heimlich das Gefühl, daß das Leben ein sehr flüchtiges Gut ist, und der Schrecken vor dem Ende aller Dinge. Auf den Bildern entdeckt man auch jene anderen Schmuckformen, mit denen jede Person ihren Leib bedeckte, um durch Schminke, durch die Pracht der Stoffe und der Pelze ihren Reiz zu erhöhen, wenn sie sich in der Öffentlichkeit bei einem Fest, auf dem Ball, beim Turnier oder in den Wechselfällen eines wirklichen Krieges zeigte. Von allen Werken der Kunst des 14. Jahrhunderts ist das Prunkgewand das persönlichste und das am weitesten vom Sakralen entfernte, selbst wenn manche Halsketten Reliquien enthalten. Es ist zweifellos auch das Werk, mit dem die Männer und Frauen aller Stände sich in dieser Zeit am ausdauerndsten beschäftigen. Für den Kleiderluxus arbeiten in den Städten die meisten Handwerkerinnungen; der Fernhandel beschäftigt sich vorwiegend mit den Materialien dafür, und man gibt das Geld so unbedacht aus,

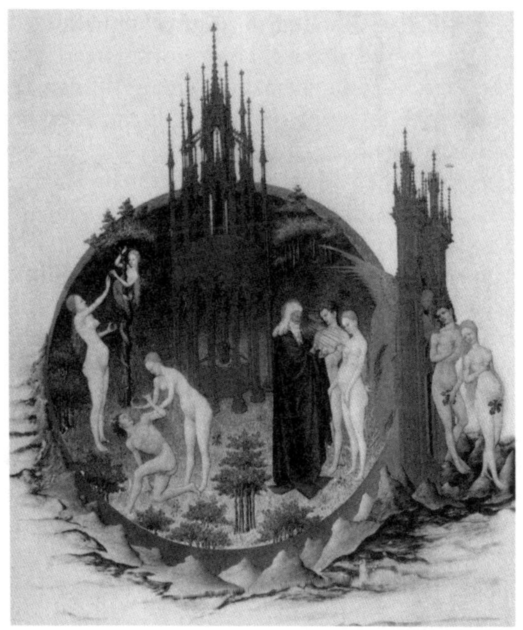

Das Schönheitsideal um 1400: die Eva der Brüder von Limburg aus dem Stundenbuch des Herzogs von Berry, viermal auf dem Bild vom Sündenfall und der Vertreibung aus dem Paradies dargestellt.

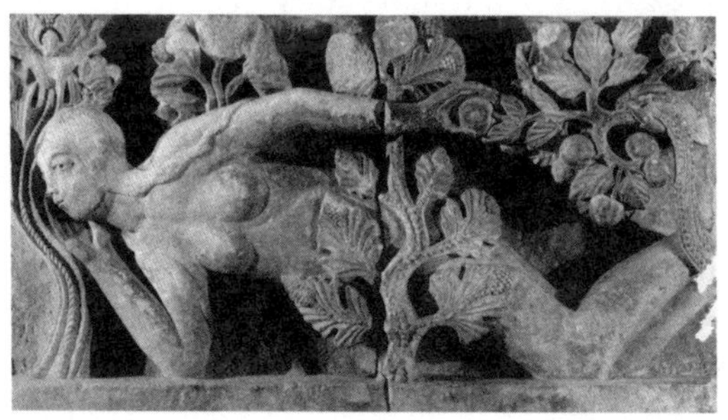

Meister von Autun, Gislebertus, um 1125: der erste weibliche Akt seit der Antike.

daß die öffentlichen Gewalten zur Aufrechterhaltung der Ordnung gezwungen sind, drakonische Verordnungen zu erlassen, um solche Verschwendung einzudämmen. Auf den Toilettengegenständen wie Spiegeldeckeln oder Parfumkästchen, worauf die Pariser Elfenbeinschnitzer im Basrelief die einzelnen Phasen des höfischen Liebesspiels dargestellt haben, zeigen sich die Vielfalt, das Raffinement und der Glanz der profanen Kunst. Es war auch eine Kunst zu lieben. Noch verschämt, wie es die Romane dieser Zeit sind. Wenn man die aufmerksame Zärtlichkeit berücksichtigt, mit der die Maler der Altartafeln die Leiber der jungen heiligen Märtyrerinnen behandelt haben, kann man jedoch einige Fortschritte der Erotik feststellen (der Leib der Eva auf einer der Seiten der *Très Riches Heures* bietet sehr viel bewegendere Reize als der auf dem Tympanon von Autun), und die Darstellung des nackten Frauenkörpers nahm in der Kunst des 14. Jahrhunderts zweifellos einen weniger schmalen Raum ein, als es nach dem, was davon erhalten ist, den Anschein hat.

Nach dem Jahr 1300 schottet sich Europa in der Folge politischer Spannungen ab: Das Geld läuft schneller um, die Fürsten haben geringere Mühe, Bürgerschaften unter ihren Schutz zu versammeln, deren Wohlstand sie begünstigen und deren Steueraufkommen ihnen zur Besoldung immer zahlreicherer und besser ausgerüsteter Truppen dient, die sie dann gegen die Nachbarstaaten werfen. Zwar lebte das europäische Mittelalter während seiner ganzen Geschichte in einem dauernden Krieg, im 14. Jahrhundert ändert der Krieg aber die Dimension. Von nun an hängt alles vom Krieg ab, er erschüttert das System der Werte. Davon zeugt der schwindelerregende Aufstieg der erfolgreichsten Söldnerführer und auch die Anmaßung der Bildnisse, die sie selbst bei Bildhauern und bei Malern in Auftrag gaben. Die Feindseligkeiten stören die Handelsbeziehungen, unterbrechen die Pilgerfahrten, und ganz allgemein greift das Erstarken der einzelnen Staaten alle Institutionen an, die in den Zeiten von Innozenz III. und Ludwig dem Heiligen Europa vereinigt hatten. Ganz besonders leidet die Macht des Papsttums. Zu Beginn des Jahrhunderts scheitert es mit seiner Stellung gegen den König von Frankreich, muß Rom verlassen und sich in Avignon unter der Vormundschaft der Kapetinger einrichten; da es sich dort als staatliche Gewalt aufführt, wird es zur Zielscheibe heftiger Kritiken, die ihm seine Prachtentfaltung und den Verrat seiner Aufgabe vorwerfen. Die Angriffe, deren Gegenstand das Papsttum ist, beleben die Häresie, bringen Zwietracht unter die Bettelorden. Die Krise geht so weit, daß es die Christenheit spaltet: 1378 wählt das geteilte Konklave einen Papst gegen einen anderen. Das geschah nicht zum ersten Mal. Wenn sich diesmal das Schisma dauerhaft einrichtet, so tat es das aufgrund divergierender Interessen der Staaten, denn der König von Frankreich wünscht, den apostolischen Sitz unter seiner Kontrolle zu halten, während seine Rivalen das nicht dulden wollen, und weil der italienische Stolz fordert, daß der Nachfolger des Apostels Petrus nach Rom zurückkehre.

Die Städte erhöhen ihre Mauern und halten die Tore streng bewacht, um sich vor der Pest und Banden von Landstreichern zu schützen, während die großen und kleinen Staaten sich mit dem Anstieg der Feindschaften gegen die Außenwelt abschotten. Man führt Kontrollen an den Grenzen ein, die damit zum ersten Mal real werden. Die Fürsten leben in der Furcht vor Verrat: in der Hoffnung, um seine Person eine wirksame Schutzwehr verstärkter Loyalität errichten zu können, stiftet jeder von ihnen einen Ritterorden, sei es der Hosenbandorden oder der Orden vom Goldenen Vlies. Jeder von ihnen strebt nach einem fügsamen Klerus und untertänigen Beamten, und damit die Domherren und die Juristen ihre Ausbildung nicht mehr auswärts erhalten, gründet jeder seine eigene Universität. Die Völker leiden unter Söldnerhaufen, der Fremdenhaß greift um sich, die Nationen schließen sich in ihrer Identität gegen andere ab, man verehrt die eigenen Schutzheiligen, die dynastischen Legenden verbreiten sich, die Volkssprachen drängen das Latein beiseite und erlangen überwältigende Schriftwürdigkeit.

Eine solche Absonderung wirkt sich offensichtlich auch in der künstlerischen Arbeit aus. In jeder Stadt, in der der Fürst einen Palast besitzt, in der seine Beamten Gericht halten, Steuern einnehmen und die Bücher führen, in der Spekulanten gegen fette Privilegien dem Schatzamt die nötigen Angebote machen und in der die Hoflieferanten sich bereichern, winkt all denen, die an der Ausschmückung von Kapellen, Grabstätten, Wohnungen und Prunkgewändern arbeiten, günstige Anstellung. Alle mittleren oder kleinen Residenzen, in denen die Verwandten der Herrscher ihre Apanage erhalten, alle Verwaltungszentren, die in den größeren Staaten geschaffen werden, alle freien Städte, die ihre Herrschaft über das umgebende Land ausdehnen, alle diese Stätten sind Mittelpunkte lebhafter künstlerischer Arbeit, die freilich dazu neigt, sich auf Überlieferungen zu beschränken. Die lokalen »Schulen« bilden sich heraus, deren besondere Kennzeichen die Fachleute heute nachweisen. Der Provinzialismus, der sich in der Kunst dieser Zeit bemerkbar macht und der in der laufenden Produktion und in den Werken zweiten Ranges besonders deutlich ist, stammt unmittelbar aus der politischen Zersplitterung.

Was jedoch überrascht, wenn man in die letzten Jahrzehnte des Mittelalters gelangt, nachdem man die künstlerische Entwicklung in Europa durch ein Jahrtausend hindurch verfolgt hat, ist die Kontinuität. An erster Stelle steht die Kontinuität der Funktionen des Kunstwerks. Sie wird nur von der beständigen Bewegung der zunehmend allgemeinen Verbreitung beeinflußt, die in dem Maße, wie Europa größeren Wohlstand gewinnt, dann nach und nach Geschmacksrichtungen und Lebensgewohnheiten in den Körper der Gesellschaft ausdehnt, die in den ersten Zeiten den Herrschern des Volks vorbehalten waren. Was anderes als die Gesten Karls des Großen wiederholen um 1400 – vor ähnlichen Bildern und an ähnlichen Orten – der Wechsler aus Pamplona, der Reeder aus Lyon, der Weinhändler aus Mainz oder der Gutsbesitzer aus Orvieto? Wie Karl der Große ziehen sie sich zum Gebet in eine Kapelle zurück, wie er buchstabieren sie im Psalter die lateinischen Worte des Gebets, und wie er stolzieren sie, mit bunten Gewändern bekleidet, inmitten ihrer Hausgenossen, die sie bewirten und die sie freigebig beschenken. Zweifellos geben sie nicht, wie es der Kaiser des Abendlandes tat, bei Künstlern ihres Haushalts Schmuckstücke, Bücher und Elfenbeinplättchen in Auftrag. Sie kaufen diese Gegenstände in den Läden.

Die Kontinuität ist nicht weniger überraschend deutlich bei den Strukturen, die den künstlerischen Formen zugleich ihre Verschiedenheit und ihre Einheit verleihen. An der Schwelle zum 15. Jahrhundert bilden wie in den Zeiten der Karolinger zwei Regionen – und wieder dieselben – die Avantgarde künstlerischer Dynamik, und beide produzieren das, womit man die schönsten Zierden für den Leib herstellt, und beide werden durch den Handel reich. Die eine hat ihr Zentrum an der Nordsee, die andere in Italien. Im Süden dominieren stets die Künste, die mit der großen Architektur in Stein verbunden sind. Im Norden bearbeitet man Holz und Metall zu leichten und handlichen Gegenständen. Wie während des gesamten Mittelalters, wie zu den Zeiten Karls des Kahlen, Wilhelms von Volpiano, des heiligen Bernhard oder Ludwigs des Heiligen vollzog sich die Synthese dessen, was aus dem Norden, und dessen, was aus dem Süden kommt, im mittleren Europa und unter dem Schutz gewichtiger Mächte. Zwischen 1320 und 1400 sind es die Mächte des Kaisers, des Papstes und des Königs von Frankreich. Alle drei sind jetzt geschwächt. Sie behalten jedoch genügend Ansehen und Mittel, um die angesehensten Künstler von überall her in ihre Residenzen zu ziehen. Von diesen Städten strahlt das aus, was immer noch, trotz der Stärkung der nationalen Besonderheiten, die Einheit der europäischen Kunst ausmacht.

Für eine kurze Zeit übernimmt Prag diese Rolle, als die kaiserliche Würde unter Karl IV. wieder etwas von ihrem Glanz gewann. Die einigende Funktion wurde jedoch dauerhaft durch Avignon und durch Paris erfüllt. Dort bildete sich am Ende des Jahrhunderts der Stil heraus, den die Kunsthistoriker zu Recht die »internationale Gotik« nennen. Obwohl Avignon genötigt war, sich hinter seine Mauern zu ducken, wenn die Söldnerbanden durch das Rhônetal zogen, wurde es doch im ganzen 14. Jahrhundert zum bedeutendsten Mittelpunkt künstlerischer Begegnungen, trotz des Mißkredits, in den die Person des Papstes und das Kardinalskollegium geraten waren, trotz des Schismas. Und wenn der Glanz von Paris auch während einiger Jahre verblaßte, als König Johann II. in England gefangen war und sein älterer Sohn, der Kronprinz, zwischen den Intrigen treuloser Räte und den gewalttätigen Forderungen des höheren Bürgertums lavierte und englische Söldnerheere die Beauce verwüsteten, so glänzte diese Stadt als Hauptstadt eines Staates, den die Plünderungen, Brandschatzungen und die Verwüstungen der Pest nicht ruinieren konnten und der der reichste Staat Europas blieb, diese Stadt, deren Universität ihren Vorrang vor allen anderen über die Christenheit verstreuten Studienzentren unbeschädigt bewahrte – Paris glänzte um 1400 in all seiner Pracht.

Für kurze Zeit. Einige Jahre später wurde Paris durch Aufstände, Bürgerkrieg und Invasion ruiniert, und der päpstliche Hof löste sich langsam von Avignon. Von da an zerstreute sich die künstlerische Arbeit. Im Norden fand sie zwischen Brügge, Köln und Dijon eine Heimat. Im Süden zwischen Florenz, Venedig und Barcelona. Was wir die Renaissance nennen, entfaltete sich schon seit einem Jahrhundert im Süden, seit die von Friedrich II. und den toskanischen Patriziern gelegten Fermente zu keimen begonnen hatten. Dagegen sollte sich das, was wir das Mittelalter nennen, im Norden noch über ein Jahrhundert, wenn nicht noch länger, fortsetzen.

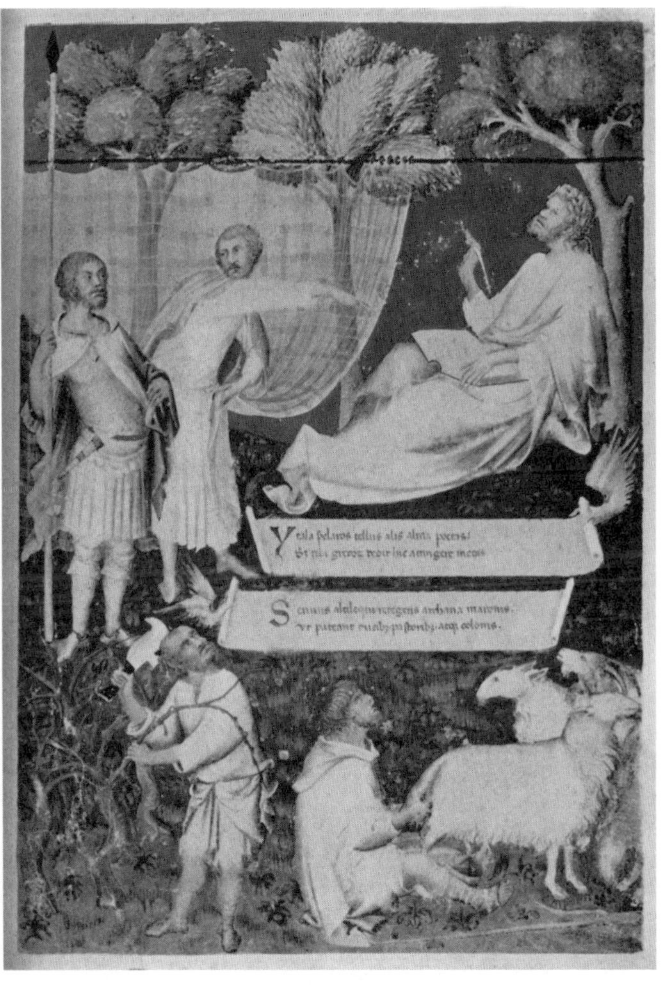

Simone Martini,
Titelblatt von Petrarcas Vergil-Ausgabe, um 1340:
Ritterliche Heldentaten, Landbau und Hirtenleben.

1. Zur Orientierung

Enciclopedia dell'arte medievale, hg. v. A. M. Romanini, Rom 1991–2002, 12 Bände

Lexikon der christlichen Ikonographie, hg. v. E. Kirschbaum und W. Braunfels, Freiburg/Br. 1968–1976, 8 Bände

Pastoureau, M. und G. Duchet-Suchaux, *La Bible et les Saints*, Guide iconographique, Paris 1994

Réau, L., *Iconographie de l'art chrétien*, Paris 1955–1959, 6 Bände

Schiller, G., *Ikonographie der christlichen Kunst*, Gütersloh 1971–1980, 5 Bände

Davis-Weyer, C., *Early Medieval Art 300–1500*, Toronto 1986

Frisch, T. G., *Gothic Art 1140–ca. 1450. Sources and Documents*, Toronto 1987

Lehmann-Brockhaus, O., *Lateinische Schriftquellen zur Kunst in England, Wales und Schottland vom Jahre 901 bis zum Jahre 1307*, München 1955–1960, 5 Bände

–, *Schriftquellen zur Kunstgeschichte des 11. und 12. Jahrhunderts für Deutschland, Lothringen und Italien*, Berlin 1938, 2 Bände

Mortet, V., *Recueil de textes relatifs à l'histoire de l'architecture et à la condition des architectes en France au Moyen Âge*, Paris 1911–1929, 2 Bände

Schlosser, J. von, *Quellenbuch zur Kunstgeschichte des abendländischen Mittelalters*, Wien 1896

–, *Schriftquellen zur Geschichte der karolingischen Kunst*, Wien 1892

2. Die Formen

Europäische Kunst um 1400 (Katalog der Ausstellung des Kunsthistorischen Museums), Wien 1962

Artistes, Artisans et Production artistique au Moyen Âge, hg. v. X. Barral y Altet, Paris 1986–1990, 3 Bände

Avrin, L., *Scribes, Script and Books. The Book of Arts from Antiquity to the Renaissance*, London 1991

Barral y Altet, X., *L'Art médiéval*, Paris 1990

Belting, H., *Bild und Kunst. Eine Geschichte des Bildes vor dem Zeitalter der Kunst*, München 1991

Benton, J. R., *Bestiaire médiéval*, Paris 1992

Binski, P., *Medieval Craftsmen. Painters*, Toronto 1991

Bischoff, B., *Paléographie de l'Antiquité romaine et du Moyen Âge occidental*, Paris 1985

Brisac, C., *Le Vitrail*, Paris 1990

Brown, M. P., *A Guide to Western Historical Scripts from Antiquity to 1600*, Toronto 1990

Bucher, F., »Medieval Architectural Design Methods, 800–1560«, in: *Gesta*, 11, 1973, S. 37–51

Cahn, W., *La Bible romane*, Paris 1982

Chastel, A., *Fables, Formes, Figures*, Paris 1978, 2 Bände

Châtelain, A., *Châteaux forts, images de pierre des guerres médiévales*, Strasbourg 1981

Châtelet, A. und R. Recht, *Automne et Renouveau, 1380–1500*, Paris 1988

Cherry, J., *Medieval Decorative Art*, London 1991

Contamine, Ph., *La Guerre au Moyen Âge*, Paris 1980

Christe, Y. u. a., *Handbuch der Formen- und Stilkunde*, Freiburg/Br. 1983

Church and the Arts, hg. v. D. Wood, Oxford 1992

Cloisters. Studies in the Honor of the Fiftieth Anniversary, hg. v. E. C. Parker und M. B. Shepard, New York 1992

Davies, J. G., *The Architectural Setting of Baptism*, London 1962

De Hamel, C. F. R., *Glossed Books of the Bible and the Origins of the Paris Book Trade*, London 1984

De Hamel, Ch., *A History of Illuminated Manuscripts*, Oxford 1986

Dodwell, C. R., *The Pictorial Arts of the West 800–1200*, New Haven, London 1993

Duby, G., *Le Temps des cathédrales. L'art et la société, 980–1420*, Paris 1976; dt. Übers.: *Die Zeit der Kathedralen. Kunst und Gesellschaft 980–1420*, Frankfurt/M. 1980, Taschenbuchausgabe 1996

Faire croire. Modalités de la diffusion et de la réception des messages religieux du XIIe au XIVe siècle (Rom, 22./23. Juni 1979), Rom 1981

GABORIT-CHOPIN, D., *Ivoires du Moyen Âge,* Paris 1978

GARDELLES, J., *Le Château, expression du monde féodal,* Strasbourg 1981

GAUTHIER, M.-M., *Émaux du Moyen Âge occidental,* Paris 1972

GEIJER, A., *A History of Textile Art,* London 1979

GRABAR, A., *L'Âge d'or de Justinien. De la mort de Théodose à l'Islam,* Paris 1966

GRABAR, A. und C. NORDENFALK, *Early Medieval Painting,* Lausanne 1957

–, *Romanesque Painting,* Lausanne 1958

GRODECKI, L., *L'Architecture ottonienne,* Paris 1968

–, *Le Moyen Âge retrouvé,* Paris 1986–1991, 2 Bände

HIRSCHFELD, P., *Mäzene. Die Rolle des Auftraggebers in der Kunst,* o. O. 1968

Histoire d'un art, la sculpture. Le grand art du Moyen Âge, du Ve au XVe, hg. v. G. Duby und J.-L. Daval, Paris 1989

HUBERT, J., J. PORCHER und W. F. VOLBACH, *L'Europe des invasions,* Paris 1968

–, *L'Empire carolingien,* Paris 1968

JOUBERT, F., *La Tapisserie au Moyen Âge,* Rennes 1992

KRAUTHEIMER, R., *Studies in Early Christian, Medieval and Renaissance Art,* New York, London 1969; dt. Übers.: *Ausgewählte Aufsätze zur europäischen Kunstgeschichte,* Köln 1988

La Maison forte, hg. v. M. Bur, Paris 1986

MARTINDALE, A., *The Rise of the Artist in the Middle Ages and Early Renaissance,* London 1972

NORDSTRÖM, F., *Mediaeval Baptismal Fonts. An Iconographical Study,* Umeå 1984

PÄCHT, O., *Book Illumination in the Middle Ages,* London, Oxford 1986

RECHT, R., *Le Dessin d'architecture. Son origine, ses formes,* Paris 1995

SCHMITT, J. C., *La Raison des gestes dans l'Occident médiéval,* Paris 1990

VROOM, W., *De financiering van de Kathedraalbouw in de middeleeuwen,* Maarssen 1981

WARNKE, M., *Bau und Überbau. Soziologie der mittelalterlichen Architektur nach den Schriftquellen,* Frankfurt/M. 1976

–, *Hofkünstler. Zur Vorgeschichte des modernen Künstlers,* Köln 1985

WIRTH, J., *L'Image médiévale. Naissance et développement (VIe–XVe siècle),* Paris 1989

3. DIE REGIONEN

Rheinland, Mitteleuropa

L'Art ancien en Tchécoslovaquie (Katalog der Ausstellung, Paris, Musée des Arts décoratifs), Paris 1957

BALDASS, P. von, W. BUCHOWIECKI und W. MRAZEK, *Romanische Kunst in Österreich,* Wien, Hannover, Bern 1962

BECKSMANN, R., *Vitrea dedicata. Das Stifterbild in der deutschen Glasmalerei des Mittelalters,* Berlin 1975

BRENK, B., *Die romanische Wandmalerei in der Schweiz,* Bern 1963

BUCHKREMER, J., *Dom zu Aachen. Beiträge zur Baugeschichte,* Aachen 1940–1945, 3 Bände

COLLON GEVAERT, S. u. a., *Art roman dans la vallée de la Meuse aux XIe et XIIe siècles,* Brüssel 1962

Ornamenta Ecclesiae. Kunst und Künstler der Romanik (Katalog der Ausstellung, Köln, Schnütgen-Museum), Köln 1977, 3 Bände

Die Parler und der Schöne Stil 1350–1400. Europäische Kunst unter den Luxemburgern, hg. v. A. Legner, Köln 1978–1980, 4 Bände

Rhin-Meuse. Art et culture, 800–1400, Brüssel 1973

Die Zeit der Staufer (Katalog der Ausstellung, Stuttgart, Württembergisches Landesmuseum), Stuttgart 1977, 5 Bände

England, Irland

ALEXANDER, J. J. G. (ed.), *A Survey of Manuscripts Illuminated in the British Isles,* London 1978 ff.

–, *L'Art celtique,* hg. v. B. Raftery, Paris 1990

Art and Patronage in the English Romanesque, hg. v. S. Macredy und F. H. Thompson, London 1986

Avril, F. und P. Stirnemann, *Manuscrits enluminés d'origine insulaire, VIe–XXe siècle (= Manuscrits enluminés de la Bibliothèque nationale,* 3), Paris 1987

Boase, T. S. R., *English Art 1100–1216,* Oxford 1953

Brieger, P., *English Art 1216–1307,* Oxford 1968

Brown, R. A., *English Castles,* London 1976

Cheetham, F., *English Medieval Alabasters. With a Catalogue of the Collection in the Victoria and Albert Museum,* Oxford 1984

Colvin, H. M., *Building Accounts of King Henry III.,* Oxford 1971

English Medieval Industries: Craftsmen, Techniques, Products, hg. v. J. Blair und N. Ramsay, London 1991

English Romanesque Art 1066–1200, hg. v. G. Zarnecki, J. Holt und T. Holland (Katalog der Ausstellung, London, Hayward Gallery), London 1984

Henry, F., *Irish Art during the Viking Invasions,* London 1967

–, *Irish Art during the Romanesque Period,* London 1970

Kahn, D., »La sculpture romane en Angleterre: état des questions«, in: *Bulletin monumental,* 146, 1988, S. 307–340

Kauffmann, C. M., »Romanesque Manuscripts 1066–1190« *(A Survey of Manuscripts Illuminated in the British Isles,* hg. v. J. J. G. Alexander, Bd. 3), London 1975

Marks, R., *Stained Glass in England during the Middle Ages,* Toronto, London 1993

Musset, L., *Angleterre romane, 2: Le Nord de l'Angleterre,* La Pierre-qui-Vire 1988

Opus Anglicanum: English Medieval Embroidery (Katalog der Ausstellung, London, Victoria and Albert Museum), London 1963

Pächt, O., *The Rise of Pictorial Narrative in Twelfth-Century England,* Oxford 1962

Ramsay, N., »Alabaster«, in: *English Medieval Industries: Craftsmen, Techniques, Products,* S. 29–40

Stone, L., *Sculpture in Britain. The Middle Ages,* Harmondsworth [2]1972

Trésors d'Irlande (Katalog der Ausstellung Paris, Grand Palais, Okt. 1982–Jan. 1983), Paris 1982

Tristram, E. W., *English Medieval Wall Painting. The Thirteenth Century,* Oxford 1950

Frankreich

Baron, F., *Les Arts précieux à Paris aux XIVe et XVe siècles,* Paris 1988

Branner, R., *Burgundian Gothic Architecture,* London [2]1985

–, *Manuscript Painting in Paris during the Reign of Saint Louis. A Study of Styles,* Berkeley, London 1974

Le Château en France, hg. v. J.-P. Babelon, Paris 1986

Deschamps, P. und M. Thibout, *La Peinture murale en France. Le haut Moyen Âge et l'époque romane,* Paris 1951

Les Fastes du gothique. Le siècle de Charles V, Paris 1981

Fournier, G., *Le Château dans la France médiévale. Essai de sociologie monumentale,* Paris 1978

Laclotte, M., *L'École d'Avignon,* Paris 1960

Les Manuscrits à peinture en France du VIIe au XIIe siècle, Paris 1954

Meiss, M., *French Painting in the Time of Jean de Berry,* London 1967, 2 Bände

Sauerländer, W., *Gotische Skulptur in Frankreich 1140–1270,* München 1970

Sterling, Ch., *La Peinture médiévale à Paris, 1300–1500,* Paris 1987–1990, 2 Bände

Les Trésors des églises de France (Katalog der Ausstellung Paris, Musée des Arts décoratifs), Paris 1965

Vergnolle, E., *L'Art roman en France. Architecture, sculpture, peinture,* Paris 1994

Spanien

L'Art roman (Katalog), Barcelona, Santiago de Compostela 1961

Avril, F., J.-P. Aniel, M. Mentré, A. Saulnier und Y. Zaluska, *Manuscrits enluminés de la péninsule Ibérique (= Manuscrits enluminés de la Bibliothèque nationale,* 2), Paris 1982

Durliat, M., *L'Art roman en Espagne,* Paris 1962

Cook, W. W. S., *La Pintura mural romanica en Cataluña,* Madrid 1956

Kingsley, K., *Visigothic Architecture in Spain and Portugal: A Study in Masonry, Documents and Form,* Ann Arbor, London 1980

Los Beatos (Ausstellung Europalia 85), Brüssel 1985

Mentré, M., *La Peinture mozarabe,* Paris 1984

Palol, P. de und M. Hirmer, *Early Medieval Art in Spain,* London 1967

Palol, P. de und G. Ripoll, *Les Goths. Ostrogoths et Wisigoths en Occident, Ve–VIIIe siècle,* Paris 1990

Schlunk, H. und T. Hauschild, *Die Denkmäler der frühchristlichen und westgotischen Zeit,* Mainz 1978

Ulbert, T., *Frühchristliche Basiliken mit Doppelapsiden auf der Iberischen Halbinsel,* Berlin 1978

Villalón, M. C., *Mérida visigoda. La escultura arquitectónica y litúrgica,* Badajoz 1985

Yarza, J., *Historia del arte hispánico,* Bd. 2: *La Edad Media,* Madrid 1980

Italien

L'Art dans l'Italie méridionale. Aggiornamento dell'opera di Emile Bertaux, hg. v. A. Prandi, Rom 1978, 4 Bände

Avril, F., M.-Th. Gousset und C. Rabel, *Manuscrits enluminés d'origine italienne, 2: XIIIe siècle (= Manuscrits enluminés de la Bibliothèque nationale,* 1), Paris 1984

Avril, F. und Y. Zaluska, *Manuscrits enluminés d'origine italienne, 1: VIe–XIIe siècles (= Manuscrits enluminés de la Bibliothèque nationale,* 1), Paris 1980

Avril, F., Y. Zaluska, M.-Th. Gouset und M. Pastoureau, *Dix Siècles d'enluminure italienne* (VIe–XVIe siècle), Paris 1984

Belting, H., *Die Oberkirche von San Francesco in Assisi,* Berlin 1977

Benedetto Antelami. Catalogo dell'opere, hg. v. A. Calzona und G. Z. Zanichelli, Mailand 1990

Bertaux, E., *L'Art dans l'Italie méridionale de la fin de l'Empire romain à la conquête de Charles d'Anjou,* Paris 1903, Nachdruck Rom 1968

Bologna. F., *Early Italian Painting,* London 1963; dt. Übers.: *Die Anfänge der italienischen Malerei,* Dresden 1964

–, *Novità su Giotto. Giotto al tempo della capella Peruzzi,* Turin 1969

Demus, O., *The Mosaics of San Marco in Venice,* Chicago, London 1984, 4 Bände

Federico II e l'arte del duecento italiano (Atti della III Settimana di studi di storia dell'arte medievale dell'Università di Roma, Rom 1978), hg. v. A. M. Romanini, Galatina 1980, 2 Bände

Francovitch, G. de, *Benedetto Antelami architetto e scultore e l'arte del suo tempo,* Mailand, Florenz 1952

Garrison. E. B., *Studies in the History of Medieval Italian Painting,* Florenz 1953–1962, 4 Bände

Götze, H., *Castel del Monte. Gestalt, Herkunft und Bedeutung* (Sitzungsberichte der Heidelberger Akademie der Wissenschaften. Philosophisch-historische Klasse, Heidelberg 1984, 2)

Haseloff, A., *Die Bauten der Hohenstaufen in Unteritalien,* Leipzig 1920, 2 Bände; ital. Übers.: *Architettura sveva nell' Italia meridionale,* Bari 1992, 2 Bände

Heydenreich, F., *Italienische Renaissance. Anfänge und Entfaltung in der Zeit von 1400–1460,* München 1972

Kaftal, G., *Iconography of the Saints in Tuscan Painting,* Florenz 1952

Kent, F. W. und P. Simons, *Patronage, Art and Society in Renaissance Italy,* Oxford 1987

LOBRICHON, G., *Assise. Les fresques de la basilique inférieure,* Paris 1985

LONGHI, R., *La Pittura umbra della prima metà del Trecento,* Florenz 1973

MEISS, M., *Painting in Florence and Siena after the Black Death,* Princeton, NJ 1951 u. ö.

PIGNATTI, T., *Venezia. Mille anni d'arte,* Venedig 1989

WAGNER-RIEGER, R., *Die italienische Baukunst zu Beginn der Gotik,* Graz, Köln 1956–1957, 2 Bände

WILLEMSEN, C. A., *Apulien. Kathedralen und Kastelle. Ein Kunstführer durch das normannisch-staufische Apulien,* Köln 1971

Skandinavische Welt

FUGLESANG, S. H., *Some Aspects of the Ringerike Style,* Odense 1980

–, »Early Viking Art. Stylistic Groups in late Viking and Early Romanesque Art«, in: *Acta ad archaeologiam et artium historiam pertinentia,* ser. alt. in 8°, Rom, 1, 1981, S. 79–125 und 2, 1982, S. 125–173

–, »Ikonographie der skandinavischen Runensteine der jüngeren Wikingerzeit«, in: *Bildinhalte,* hg. v. H. Roth, Sigmaringen 1986, S. 183–210

–, »Viking Art«, in: *Medieval Scandinavia. An Encyclopedia,* hg. v. P. Pulsiano (mit vollst. Bibliographie), New York, London 1993, S. 694–700

Les Vikings. Les Scandinaves et l'Europe, 800–1200 (= From Viking to Crusader. The Scandinavians and Europe 800– 1200, Kopenhagen, New York 1992), hg. v. E. Roesdahl u. a., Paris 1992

WILSON, D. M. und O. KLINDT-JENSEN, *Viking Art,* London 1966, Nachdr. 1980

4. DIE EPOCHEN

Frühes Mittelalter

Age of Spirituality. Late Antique and Early Christian Art, Third to Seventh Centuries, hg. v. K. Weitzmann, New York 1979

L'Art et la Société à l'époque carolingienne (= Cahiers Saint-Michel-de-Cuxa, 23, 1992)

Bernward von Hildesheim und das Zeitalter der Ottonen (Katalog der Ausstellung, Hildesheim, Dom- und Diözesanmuseum Hildesheim, Roemer- und Pelizäus-Museum), hg. v. M. Brandt und A. Eggebrecht, Mainz 1993, 2 Bände

BLOCH, P. und H. SCHNITZLER, *Die ottonische Kölner Malerschule,* Düsseldorf 1967–1970, 2 Bände

BRAUNFELS, W., *Die Welt der Karolinger und ihre Kunst,* München 1968

CONANT, K. J., *Carolingian and Romanesque Architecture 800–1200,* Harmondsworth [2]1966

DURLIAT, M., *Des barbares à l'an mil,* Paris 1985

GRODECKI, L., F. MÜTHERICH, J. TARALON und F. WORMALD, *Le Siècle de l'an mil,* Paris 1973

HEITZ, C., *L'Architecture religieuse carolingienne. Les formes et leurs fonctions,* Paris 1980

HOFFMANN, H., *Buchkunst und Königtum im ottonischen und frühsalischen Reich (= Schriften der Monumenta Germaniae Historica,* 30), Stuttgart 1986

HUBERT, J., J. PORCHIER und W. F. VOLBACH, *L'Empire carolingien,* Paris 1968

JACOBSEN, W., »Gab es die karolingische ›Renaissance‹ in der Baukunst?«, in: *Zeitschrift für Kunstgeschichte,* 3, 1988, S. 313–347

Karl der Große (Katalog), Aachen 1965

Karl der Große, III: Karolingische Kunst, hg. v. W. Braunfels und H. Schnitzler, Düsseldorf 1965

KOHLER, W., *Die karolingischen Miniaturen. (I)* »Die Schule von Tours«, Berlin 1930–1933, 3 Bände; (II) »Die Hofschule Karls des Großen«, Berlin 1958, 2 Bände; (III) »Die Gruppe des

Wiener Krönungs-Evangeliars«, Berlin 1960, 2 Bände

– und F. MÜTHERICH, *Die karolingischen Miniaturen.* (IV) »Die Hofschule Kaiser Lothars«, Berlin 1971; (V) »Die Hofschule Karls des Kahlen«, Berlin 1982

KRAUTHEIMER, R., »The Carolingian Revival of Early Christian Architecture«, in: *Art Bulletin,* 24, 1942, S. 1–38

MÜTHERICH, F. und J. E. GAEHDE, *Karolingische Buchmalerei,* München 1976

SCHRAMM, P. E. und F. MÜTHERICH, *Denkmale der deutschen Könige und Kaiser. Ein Beitrag zur Herrschergeschichte von Karl dem Großen bis Friedrich II., 768–1250,* München 1981

Die Zeit der Ottonen und Salier, München 1973

Das romanische Europa

AVRIL, F., X. BARRAL I ALTET und D. GABORIT-CHOPIN, *Le Monde roman.* (I) »Le temps des croisades«, Paris 1982; (II) »Les royaumes d'Occident«, Paris 1983

CHRISTE, Y., *Les Grands Portails romans. Études sur l'iconologie des théophanies romanes,* Genf 1969

CLAUSSEN, P. C., *Magistri doctissimi romani. Die römischen Marmorkünstler des Mittelalters,* Stuttgart 1987

CROZET, R., *L'Art roman en Poitou,* Paris 1948

–, *L'Art roman en Saintonge,* Paris 1971

DEMUS, O., *La Peinture murale romane,* Paris 1970

DURLIAT, M., *La Sculpture romane de la route de Saint-Jacques. De Conques à Compostelle,* Mont-de-Marsan 1990

English Romanesque Art 1066–1200, hg. v. G. Zarnecki, J. Holt und T. Holland, London 1984

La Façade romane (Actes du colloque de Poitiers, 26.–29. September 1990) (= *Cahiers de civilisation médiévale,* 34, 1991)

»Fassade«, in: *Reallexikon zur deutschen Kunstgeschichte,* 7, München 1981, Sp. 536–690

GRODECKI, L., *Le Vitrail roman,* Paris 1977

HAMANN MCLEAN, R., »Les origines des portails et façades sculptés gothiques«, in: *Cahiers de civilisation médiévale,* 2, 1959, S. 157–175

MAZAL, O., *Buchkunst der Romanik,* Graz 1978

QUINTAVALLE, A. C., *Il Battistero di Parma,* Parma 1989

–, *La Cattedrale di Parma e il romanico europeo,* Parma 1974

SCHAPIRO, M., *Romanesque Art,* London 1977

SWARZENSKI, H., *Monuments of Romanesque Art,* London 1954

TOUBERT, H., *Un art dirigé. Réforme grégorienne et iconographie,* Paris 1990

VERZÀR, C., *Portals and Politics in the Early Italian Citystate. The Sculpture of Nicholaus in Context,* Parma 1988

WETTSTEIN, J., *La Fresque romane,* Paris, Genf 1971–1978, 2 Bände

WILSON, D. M., *The Bayeux Tapestry,* London 1985

ZARNECKI, G., *Studies in Romanesque Sculpture,* London 1979

Kunst der Cluniazenser und Zisterzienser

AUBERT, M., *L'Architecture cistercienne en France* (mit umfassender Bibliographie), Paris 1947, 2 Bände

–, »Existe-t-il une architecture cistercienne?«, in: *Cahiers de civilisation médiévale,* 1, 1958, S. 153–158

BAUD, A. und G. ROLLIER, »Dernier état des connaissances sur Cluny livrées par les fouilles archéologiques«, in: *Bulletin monumental,* 151, 1993, S. 453–468

Cistercian Art and Architecture in the British Isles, hg. v. C. Norton und D. Park, Cambridge 1986

Cluny III. La Maior Ecclesia (Katalog der Ausstellung, Saint-Hugues, Cluny) 1988

CONANT, K. J., *Cluny, les Églises et la Maison du chef d'ordre,* Mâcon 1968

Current Studies on Cluny (= *Gesta,* 27, 1988)

DIEMER, P., *Untersuchungen zu Architektur und Skulptur der Abteikirche von Saint-Gilles,* Stuttgart 1978

DIMIER, A., *Recueil de plans d'églises cisterciennes,* Grignan, Paris 1949–1967, 4 Bände

– und J. PORCHER, *L'Art cistercien,* I »France«, La Pierre-qui-Vire 1962

DUBY, G., *Saint Bernard. L'art cistercien,* Paris 1976; dt. Übers.: *Der Heilige Bernhard und die Kunst der Zisterzienser,* Stuttgart 1981

FERGUSSON, P., *Architecture of Solitude. Cisitercian Abbeys in Twelfth Century England,* Princeton 1984

Le Gouvernement d'Hugues de Semur à Cluny (Actes du Colloque, Cluny 1988), Cluny 1990

Ratio fecit diversum. San Bernardo e le arti (Atti del Congresso internazionale, Rom 1991), Rom 1993

RUDOLPH, C., *The ›Things of Greater Importance‹. Bernard of Clairvaux's Apologia and the Medieval Attitude Toward Art,* Philadelphia 1990

Saint Bernard et le monde cistercien, hg. v. L. Pressouyre und T. N. Kinder (Katalog), Paris 1990

SAPIN, C., *La Bourgogne préromane. Construction, décor et fonction des édifices religieux,* Paris 1986

STRATFORD, N., »Les bâtiments de l'abbaye de Cluny à l'époque médiévale. État de la question«, in: *Bulletin monumental,* 150, 1992, S. 383–411

ZALUSKA, Y., *L'Enluminure et le Scriptorium de Cîteaux au XIIe siècle,* Cîteaux 1989

Die Zisterzienser. Ordensleben zwischen Ideal und Wirklichkeit (Katalog der Ausstellung, Aachen 1980), Köln 1981, 2 Bände

Das gotische Europa

BIALOSTOCKI, J., *L'Art du XVe siècle, des Parler à Dürer,* Paris 1993

BOOZ, P., *Der Baumeister der Gotik,* München, Berlin 1956

BRANNER, R., »Villard de Honnecourt, Reims and the Birth of Gothic Architectural Drawing«, in: *Gazette des Beaux-Arts,* 61, 1963, S. 129–146

BUCHER, F., »Design in Gothic Architecture. A Preliminary Assessment«, in: *Journal of the Society of Architectural Historians,* 27, 1968, S. 49–73

–, *Architector. The Lodge Books and Sketchbooks of Medieval Architects,* Bd. 1, New York 1970

CASTELNUOVO, E., *Un pittore italiano alla corte di Avignone,* Turin 1962

Chefs-d'œuvres de la tapisserie du XIVe au XVIe siècle (Katalog der Ausstellung, Paris, Grand Palais), Paris 1973

ERLANDE-BRANDEBOURG, A., *La Conquète de l'Europe, 1260–1380,* Paris 1987

L'Europe gothique, XIIe–XIVe siècle (Katalog der Ausstellung, Paris, Louvre), Paris 1968

FOLCH I TORRES, J., *L'Art català,* I, Barcelona 1955

LAVEDAN, P., *L'Architecture gothique religieuse en Catalogne, Valence et Baléares,* Paris 1935

LESTOCQUOY, J., *Deux Siècles de l'histoire de la tapisserie (1300–1500),* Arras 1978

SAUERLÄNDER, W., *Das Jahrhundert der großen Kathedralen: 1140–1260,* München 1990

SHELBY, L. R., *Gothic Design Techniques,* London, Amsterdam 1977

The Year 1200: A Symposium, hg. v. F. Avril u. a., New York 1965

S. 2, 105, 121 aus: *Les Très Riches Heures du Duc de Berry,* 1410, Musée Condé, Chantilly S. 20, 36, 73, Bibliothèque Nationale, Paris S. 10 Gott als Geometer, *Bible moralisée,* Mitte 13. Jahrhundert S. 15, 34 H. Stierlin S. 24 Jean Roubier S. 27 bildarchiv preussischer kulturbesitz / Bibliothèque Nationale, Paris S. 28 links, 83, 87, A. F. Kersting S. 28 rechts: Ann Münchow S. 31 Bayerische Staatsbibliothek, München S. 33, 59 Giraudon, Paris S. 38, 97 S. Chirol / A. Gaël S. 44, 45 Museum der Königin Mathilde, Bayeux S. 47 Magnum, E. Lessing S. 54, 66, 80, 81, 93, 107, 116 Maurice Babey, Basel S. 56 Bildarchiv Foto Marburg, Marburg S. 65, 98 C. Dagli Orti S. 75 Bodleian Library, Oxford S. 98, 127 Bibliothèque Ambrosienne, Mailand S. 111 F. L. Kennet. Alle übrigen Abbildungen entstammen dem Archiv des Verlages.

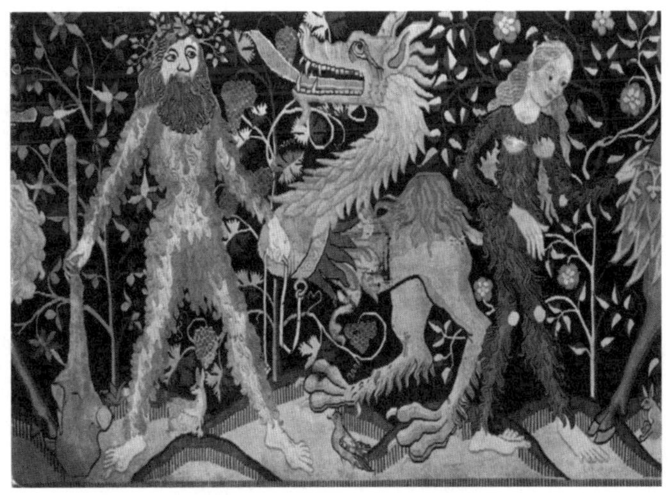

Gobelin aus dem 15. Jahrhundert:
struppige Waldleute jenseits der Zivilisation.

380–1000

380 Theodosius erklärt das Christentum zur Staatsreligion des Römischen Reichs

395 Teilung des Römischen Reichs in Ost- und Weströmisches Reich

476 Untergang des Weströmischen Reichs

800 Kaiserkrönung Karls des Großen

888 Karl III. der Dicke abgesetzt

962 Otto I. deutscher König, erneuert das Imperium als »Hl. Römisches Reich Deutscher Nation«

Europa

---

410 Die Goten unter Alarich plündern Rom

524 Der Ostgotenkönig Theoderich läßt Boethius hinrichten

533–540 Die Byzantiner erobern Italien zuück

568–572 Die Langobarden besetzen Norditalien

590–604 Papst Gregor der Große

614 St. Kolumban gründet das Kloster Bobbio

620–641 Serben und Kroaten dringen auf den Balkan vor

653 Konversion der Langobarden zum Katholizismus

715–744 Konflikte zwischen den Päpsten und den Langobarden

751 Ende der byzantinischen Herrschaft in Italien

754 Der Frankenkönig Pippin der Kurze interveniert in Italien gegen die Langobarden

773–774 Karl der Große erobert das Königreich der Langobarden

846 Die Sarazenen plündern Rom

902 Die Araber beenden die Eroberung Siziliens

Italien/Adria

456–457 Die Westgoten des Königreichs Toulouse dehnen ihre Herrschaft über Spanien aus

533–565 Kaiser Justinian erobert einen Teil Spaniens zurück

587 Der Westgotenkönig Reccared wird katholisch

711–713 Die Araber erobern Spanien

717 Christlicher Widerstand in Teilen Asturiens

785 Große Moschee in Córdoba

852 Navarra wird christliches Königreich

914 Die christlichen Königreiche Asturien und Léon vereinigen sich um die Hauptstadt Léon

929–1031 Kalifat von Córdoba

Iberische Halbinsel

Britische Inseln

441–450 Angeln und Sachsen sichern ihre Kolonisierung Südenglands

664 Die Synode von Whitby führt die römische Liturgie in England (außer Wales und Cornwall) ein

ca. 793 Erste Beutezüge der Wikinger in England

825 Die Dynastie von Wessex beherrscht den Süden Englands und knüpft Beziehungen zum Karolingerreich

878 Alfred, König von Wessex, fügt den Normannen eine schwere Niederlage zu

954 Sturz des dänischen Königtums von York

Mittel-/Nordeuropa

537 Weihe der Hagia Sophia in Konstantinopel

578 Beginn slawischer Invasionen auf dem Balkan

728–843 Bilderstreit im Byzantinischen Reich

735 Die Magyaren siedeln zwischen Dnjepr und Don

738 Der Mönch Bonifatius wird mit Christianisierung Germaniens beauftragt

787 Das II. Konzil von Nikäa beendet vorübergehend den Bilderstreit

862 Kyrill und Method in Mähren

919 Heinrich I. wird deutscher König

ca. 925 Magyaren setzen sich in Pannonien fest

955 Niederlage der Magyaren auf dem Lechfeld

966 Taufen von König Harald Blauzahn und dem polnischen Herzog Mieczyslaw

972 Kaiser Otto II. heiratet die byzantinische Prinzessin Theophano

989 Friedensversammlung von Charroux

1000 König Stephan von Ungarn bekehrt die Magyaren zum römischen Christentum

Franken und Frankreich

481–511 Chlodwig, König der Franken

720 Gründung des Klosters St. Gallen

732 Schlacht bei Poitiers

751 Pippin wird Frankenkönig

ca. 800 Karl der Große und Harun ar Raschid tauschen Geschenke

ca. 840 Die Iren gründen Schulen in Frankreich

843 Das Frankenreich wird unter den drei Söhnen Ludwigs des Frommen aufgeteilt

875 Kaiserkrönung Karls des Kahlen

885 Belagerung von Paris durch die Normannen

909 Gründung von Cluny

911 Der Wikingerhäuptling Rollon gründet Fürstentum Normandie

987 Hugo Capet wird König der Westfranken

1000–1275

Europa

- 1054 Ein Schisma führt zur endgültigen Trennung der orthodoxen und der römischen Kirche
- 1095 Papst Urban II. ruft zum Kreuzzug auf
- 1099 Jerusalem von den Kreuzfahrern erobert
- 1147–1149 Zweiter Kreuzzug
- 1202 Papst Innozenz III. beansprucht universale Hoheit des Papsttums
- 1204 Vierter Kreuzzug. Die Kreuzfahrer plündern Konstantinopel und gründen ein Lateinisches Kaisertum
- 1215 Viertes Laterankonzil
- 1274 Zweites Konzil von Lyon

Italien/Adria

- 1059 Die Normannen in Apulien und Kalabrien schaffen ein vom Papst anerkanntes Herzogtum
- 1071 Die Normannen nehmen Bari, die letzte byzantinische Bastion in Italien
- 1082 Venedig erhält Handelsprivilegien im Byzantinischen Reich
- 1091 Die Normannen zerstören die arabische Herrschaft in Sizilien
- 1130 Der Normanne Roger II. von Sizilien zum König gekrönt; unternimmt Eroberungen in Tunis und auf dem Peloponnes
- 1160 Friedrich I. (Barbarossa) verwüstet Mailand
- 1167 Die Lombardische Liga erhebt sich mit dem Papst gegen Friedrich I.
- 1176 In Konstanz erkennt Friedrich die Unabhängigkeit der lombardischen Städte an
- 1194 Das Königreich Sizilien kommt durch Heirat an die Hohenstaufen
- 1197 Der Kaufmann Homebonus aus Cremona kanonisiert
- 1202 Venedig setzt sich in der Ägäis und im Schwarzen Meer fest, begünstigt damit den 4. Kreuzzug
- ca. 1210 Franz von Assisi begründet seine ersten Bruderschaften
- 1237 Friedrich II., König von Sizilien, Kaiser, besiegt die lombardischen Städte
- ca. 1255 Der Dominikaner Jacobus de Voragine redigiert seine ›Legenda aurea‹
- 1266 Das Königreich Neapel und Sizilien fällt an Karl I. von Anjou
- 1268 Erste Papiermühlen in Fabriano
- 1271 Karl I. von Anjou gründet das Königreich Albanien

Iberische Halbinsel

- 1085 Alfons VI., König von Kastilien, nimmt Toledo wieder ein
- 1102 Die Almoraviden in Spanien
- 1139 Portugal wird Königreich
- ca. 1140 ›Cantar de mio Cid‹
- ca. 1145 Die Almohaden erobern Spanien
- 1198 Tod des Averroes in Córdoba
- 1212 Christlicher Sieg bei Las Nevas de Tolosa
- 1230 Vereinigung der Königreiche Kastilien und León gibt Kastilien die Vorherrschaft in Spanien
- [illegible] Einnahme Córdob[illegible]
- 1248 Rückeroberung Sevillas
- 1252–1284 Alfons X., der Weise, König von Kastilien
- 1258 Vertrag des Königs von Frankreich mit dem König von Aragon
- 1262 Durch Teilung des Königreiches Aragon entsteht Königreich Mallorca

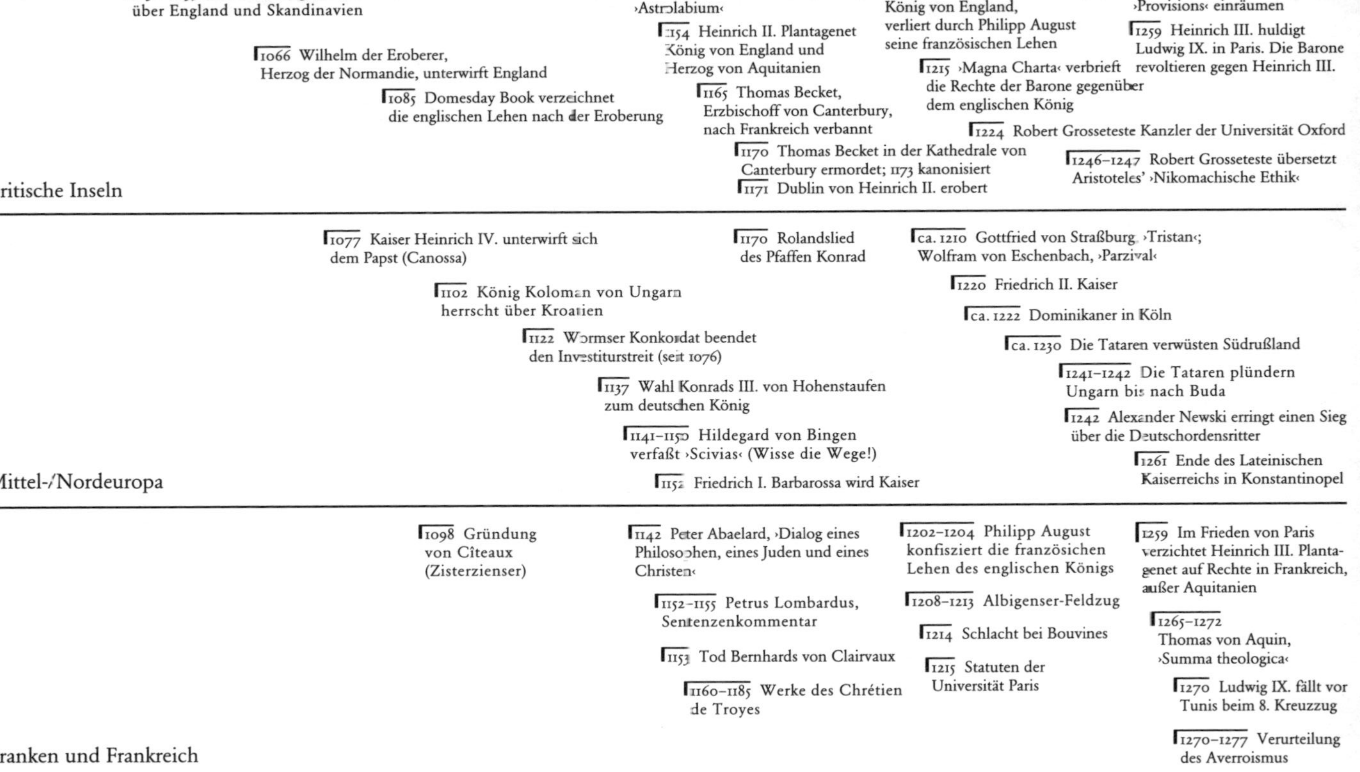

über England und Skandinavien

Britische Inseln

1066 Wilhelm der Eroberer, Herzog der Normandie, unterwirft England

1085 Domesday Book verzeichnet die englischen Lehen nach der Eroberung

›Astrolabium‹

1154 Heinrich II. Plantagenet König von England und Herzog von Aquitanien

1165 Thomas Becket, Erzbischoff von Canterbury, nach Frankreich verbannt

1170 Thomas Becket in der Kathedrale von Canterbury ermordet; 1173 kanonisiert

1171 Dublin von Heinrich II. erobert

König von England, verliert durch Philipp August seine französischen Lehen

1215 ›Magna Charta‹ verbrieft die Rechte der Barone gegenüber dem englischen König

1224 Robert Grosseteste Kanzler der Universität Oxford

1246–1247 Robert Grosseteste übersetzt Aristoteles' ›Nikomachische Ethik‹

›Provisions‹ einräumen

1259 Heinrich III. huldigt Ludwig IX. in Paris. Die Barone revoltieren gegen Heinrich III.

Mittel-/Nordeuropa

1077 Kaiser Heinrich IV. unterwirft sich dem Papst (Canossa)

1102 König Koloman von Ungarn herrscht über Kroatien

1122 Wormser Konkordat beendet den Investiturstreit (seit 1076)

1137 Wahl Konrads III. von Hohenstaufen zum deutschen König

1141–1150 Hildegard von Bingen verfaßt ›Scivias‹ (Wisse die Wege!)

1152 Friedrich I. Barbarossa wird Kaiser

1170 Rolandslied des Pfaffen Konrad

ca. 1210 Gottfried von Straßburg, ›Tristan‹; Wolfram von Eschenbach, ›Parzival‹

1220 Friedrich II. Kaiser

ca. 1222 Dominikaner in Köln

ca. 1230 Die Tataren verwüsten Südrußland

1241–1242 Die Tataren plündern Ungarn bis nach Buda

1242 Alexander Newski erringt einen Sieg über die Deutschordensritter

1261 Ende des Lateinischen Kaiserreichs in Konstantinopel

Franken und Frankreich

1098 Gründung von Cîteaux (Zisterzienser)

1142 Peter Abaelard, ›Dialog eines Philosophen, eines Juden und eines Christen‹

1152–1155 Petrus Lombardus, Sentenzenkommentar

1153 Tod Bernhards von Clairvaux

1160–1185 Werke des Chrétien de Troyes

1202–1204 Philipp August konfisziert die französichen Lehen des englischen Königs

1208–1213 Albigenser-Feldzug

1214 Schlacht bei Bouvines

1215 Statuten der Universität Paris

1259 Im Frieden von Paris verzichtet Heinrich III. Plantagenet auf Rechte in Frankreich, außer Aquitanien

1265–1272 Thomas von Aquin, ›Summa theologica‹

1270 Ludwig IX. fällt vor Tunis beim 8. Kreuzzug

1270–1277 Verurteilung des Averroismus

1275–1450

Europa

1275 Der Venzianer Marco Polo im Fernen Osten

1291 Mit der Einnahme von Akko zeichnet sich das Ende der Kreuzfahrerreiche im Orient ab

1309–1377 Päpste residieren in Avignon

1348–1351 Die Große Pest

1377–1383 Aufstände in ganz Europa

1378–1417 Großes Schisma des Papsttums zwischen Avignon und Rom

1396 Niederlage der Kreuzfahrer vor den Türken in Nikopolis

1431–1439 Konzil von Basel, beschränkt zeitweilig die päpstliche Autorität

Italien/Adria

1284 Venedig prägte seine Goldmünze, den Dukaten, nach dem Beispiel von Sizilien, Genua und Florenz

1293 In Florenz siegt die Bürgerschaft über die Adligen (magnati)

1297 Der Große Rat in Venedig nimmt keine neuen Familien mehr auf

1300 Heiliges Jahr in Rom; Einführung der Wechselbriefe

1302 Aragon erobert Sizilien

1304–1321 Dante schreibt die ›Divina Commedia‹

1307 Bankrott des Sieneser Bankiers Buonsignori

1343–1346 Bankrott der Bankhäuser Bardi und Peruzzi in Florenz

1350–1355 Boccaccio ›Decamerone‹

1378 Aufstand der Ciompi in Florenz

1378–1381 Venedig beendet siegreich einen Krieg mit Genua

1380 Tod der Katharina von Siena

1382 Italienische Expedition des Herzogs Ludwig von Anjou

1392–1393 Ludwig von Orléans interveniert in Italien

1404–1405 Venedig besetzt die Po-Ebene (Terra ferma) bis zur Etsch

1434 Cosimo de Medici übt die tatsächliche Macht in Florenz aus

1435–1442 Das Königreich Neapel geht von Anjou an das Haus Aragon

Iberische Halbinsel

1282 Peter III. vereinigt Sizilien mit seinem Königreich Aragon

1290 Gründung der Universität Lissabon

1297 Die Könige von Kastilien und Portugal schließen einen Vertrag zur Anerkennung ihrer Grenzen

1391 Judenverfolgungen

1415 Erste portugiesische Niederlassung in Nordafrika (Ceuta)

Britische Inseln

1297 Eduard I. erkennt die Vorrechte des englischen Parlaments an

1300 Duns Scotus lehrt in Oxford

1310–1315 Wilhelm von Ockham in Oxford

1377–1382 Von John Wiclif inspirierte Lollardenbewegung

1387–1400 Geoffrey Chaucer, ›Canterbury Tales‹

1396 Richard II. heiratet die Tochter von Karl VI., König von Frankreich

1430 Heinrich VI., König von England, wird zum König von Frankreich gekrönt

Mittel-/Nordeuropa

1280 ›Carmina Burana‹ (Bayern)

ca. 1300 Skandinavien kommt unter die Kontrolle der Hanse

1307 Der Kapetinger Karl I. Robert, König von Neapel, zum König von Ungarn gewählt

1329 Papst Johannes XXII. verurteilt die Lehren Meister Eckharts

1348 Gründung der Universität Prag

1354 Die Türken dringen in Europa ein

1355 Karl IV., König von Böhmen, wird Kaiser

1364 Gründung der Universität Krakau

1370 Ungarn und Polen unter Ludwig von Anjou

1387 Sigismund, Sohn Kaiser Karls IV., wird König von Ungarn

1410 Sigismund wird Kaiser

1414–1436 Hussitenkriege

1433 Kaiserkrönung Sigismunds

1453 Einnahme Konstantinopels durch die Türken

Franken und Frankreich

1275–1280 ›Rosenroman‹ von J. de Meung, der Guillaume de Lorris (ca. 1234) fortsetzt

1302 Das Heer Philipps des Schönen von den Flamen besiegt

1306 Vertreibung der Juden aus Frankreich

1306 Dynastischer Wechsel: die Krone Frankreichs geht von den Kapetingern auf das Haus Valois

1337 Beginn des Hundertjährigen Krieges

1356 Der Schwarze Prinz gewinnt die Schlacht bei Poitiers

1384 Philipp der Kühne, Herzog von Burgund, erbt Flandern und Artois

1415 Schlacht bei Azincourt

1429 Jeanne d'Arc befreit Orléans

1436 Paris wird von den Engländern befreit

Lesen Sie weiter

Peter Burke *Papier und Marktgeschrei*

Die Geburt der Wissensgesellschaft

Wissen erwerben, klassifizieren, kontrollieren und verkaufen – in diesem Buch geht es um das neue Wissen, das sich nach Erfindung der beweglichen Lettern rasant verbreitete.

Aus dem Englischen von Matthias Wolf
Sachbuch. 256 Seiten

Peter Burke *Ludwig XIV.*

Die Inszenierung des Sonnenkönigs

Peter Burke, Kulturhistoriker von Rang und Ehren, beschreibt, deutet und kommentiert die Propagandamaschinerie um den Star unter den gekrönten Häuptern.

Aus dem Englischen von Matthias Fienbork
WAT 412. 280 Seiten mit zahlreichen Abbildungen

Carlo Ginzburg *Der Käse und die Würmer*

Die Welt eines Müllers um 1600

Carlo Ginzburg rückt hier erstmals die Mentalität und das Weltbild eines Individuums ins Zentrum. Ein zentrales Buch der neueren Geschichtsschreibung.

Erweiterte Ausgabe mit neuem Vorwort
Aus dem Italienischen von Karl F. Hauber
WAT 819. 240 Seiten

Carlo Ginzburg *Spurensicherung*

Die Wissenschaft auf der Suche nach sich selbst

Die drei wichtigsten Aufsätze des »Querdenkers« unter den Historikern: Indizien als historische Methode. Mentalität und Ereignis. Kunst und soziales Gedächtnis.

Aus dem Italienischen von Gisela Bonz und Karl F. Hauber
WAT 677. 176 Seiten

Carlo M. Cipolla *Gezählte Zeit*

Wie die mechanische Uhr das Leben veränderte

Wie die mechanische Uhr das europäische Wirtschaftsleben veränderte und schließlich sogar chinesische Könige begeisterte: Wirtschaftsdetektiv Cipolla ist spannenden und ungewöhnlichen Zusammenhängen auf der Spur.

Aus dem Italienischen von Friederike Hausmann
WAT 665. 144 Seiten mit vielen Abbildungen

Lesen Sie weiter

Horst Bredekamp *Der schwimmende Souverän*

Karl der Große und die Bildpolitik des Körpers

In seinem fulminanten Buch liefert Horst Bredekamp einen Schlüssel zum Verständnis Karls des Großen. Ein souveräner Coup über den schwimmenden Souverän!

KKB. 176 Seiten mit vielen, zum Teil farbigen Abbildungen

Michael Baxandall *Die Wirklichkeit der Bilder*

Malerei und Erfahrung im Italien der Renaissance

Baxandalls Blick auf die bekanntesten Fresken und Gemälde der italienischen Frührenaissance in ihrem sozialgeschichtlichen Spannungsfeld. Ein Standardwerk der Kunstgeschichte.

Aus dem Englischen von Hans Günther Holl
WAT 693. 240 Seiten mit zahlreichen, teils farbigen Abbildungen

Vittorio Magnago Lampugnani
Die Stadt von der Neuzeit bis zum 19. Jahrhundert

Urbane Entwürfe in Europa und Nordamerika

Die Aufgabe ist sehr einfach und sehr schwer: Städte zu bauen für Menschen, die darin wohnen. Vittorio Magnago Lampugnani überblickt die verwickelte Geschichte der abendländischen Stadt und erzählt sie anhand ihrer bedeutsamsten Episoden.

Sachbuch. 384 Seiten. Gebunden mit Schutzumschlag
Großformat mit ca. 350 größtenteils farbigen Abbildungen

Erik Wegerhoff *Das Kolosseum*

Bewundert, bewohnt, ramponiert

Ehe sich das Kolosseum als archäologisch abgezirkelte, gesäuberte Ruine präsentierte, war es jahrhundertelang bewohnt: von römischen Adligen, später von einem Eremiten und schließlich von zahllosen Pflanzen. Die Geschichte eines der bekanntesten Bauwerke der Welt. Reich illustriert!

Sachbuch. 240 Seiten. Gebunden mit Schildchen und Prägung

Heinz Georg Held *Die Leichtigkeit der Pinsel und Federn*

Italienische Kunstgespräche der Renaissance

Wer hätte nicht Vergnügen daran, den großen Meistern des Gesprächs über Kunst zuzuhören? Heinz Georg Held erzählt, auf welch gewinnende Weise das Gespräch über Bilder, Skulpturen und Bauwerke in der Renaissance gepflegt wurde.

Sachbuch. 232 Seiten mit vielen Abbildungen. Gebunden mit Schildchen und Prägung

Edition Giorgio Vasari

Lebensbeschreibungen der berühmtesten Maler, Bildhauer und Architekten

Ohne die Erzählungen Giorgio Vasaris wüssten wir kaum etwas von den »ausgezeichnetsten« Künstlern Italiens. Seine farbigen Lebensberichte, seine Bildbeschreibungen und Anekdoten haben weltweit nicht nur das Bild der italienischen Kunst geprägt, sondern auch die Kunstbetrachtung aus dem Reich der Legenden geführt und auf historische Füße gestellt. Man kann sagen: Vasari hat in der Mitte des 16. Jahrhunderts, am Ende der Renaissance, die europäische Kunstgeschichte begründet. Die Edition Giorgio Vasari bietet eine neue Übersetzung, eine kurze Einführung, kritische Kommentare zu Vasari sowie Hinweise auf heutige Standorte und Zustände der Kunstwerke – im Taschenbuchformat, mit vielen, teils farbigen Abbildungen.

Herausgegeben von Alessandro Nova mit Sabine Feser, Hana Gründler, Matteo Burioni und Katja Burzer
Die meisten Neuübersetzungen besorgte Victoria Lorini.

45 Bände mit den Lebensläufen der großen Künstler

*

Insgesamt 8.800 Seiten mit 1.750 überwiegend farbigen Abbildungen auf hochwertigem Papier in handlichem Reiseformat

»Wagenbachs Vasari ist der schönste Vasari, den Sie derzeit irgendwo auf der Welt kaufen können.«

Arno Widmann, Frankfurter Rundschau